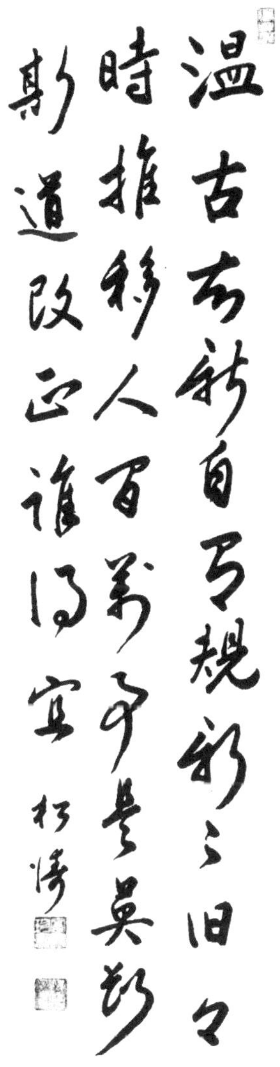

Nach Altem forschen
heißt das Neue verstehen.
Dies ist eine Sache der Zeit.
Bewahre in allem
klares Denken.
Der Weg:
Wer vermag ihn geradlinig
und treu weiterzuführen?

*(Gedicht und Kalligrafie
von Funakoshi Gichin)*

GICHIN FUNAKOSHI

KARATEDŌ – MEIN WEG

DAS VERMÄCHTNIS DES
VATERS DES MODERNEN KARATE

VERLAG WERNER KRISTKEITZ

ISBN 978-3-948378-16-5

www.kristkeitz.de

Inhalt

Einleitung

Vor fast vierzig Jahren begann ich mit etwas, was ich im Nachhinein als äußerst ehrgeiziges Vorhaben erkenne, nämlich der japanischen Öffentlichkeit im Großen diese komplexe Kunst (oder den Sport) Okinawas vorzustellen, der «Karatedō» – Weg des Karate – genannt wird. Diese vierzig Jahre waren turbulent, und der Weg, dem ich mich verschrieben hatte, war alles andere als leicht. Wenn ich heute zurückblicke, bin ich erstaunt, dass ich bei diesen Bemühungen den bescheidenen Erfolg, der mir beschieden war, erreicht habe.

Dass Karatedō heute seinen Platz als international anerkannter Sport gefunden hat, ist gänzlich den Anstrengungen meiner Lehrer, meiner Mitschüler, meiner Freunde und meiner Schüler zu verdanken, die alle freigebig sowohl ihre Zeit als auch ihre Arbeitskraft der Aufgabe widmeten, diese Kunst der Selbstverteidigung zu verfeinern und zu vervollkommnen. Meine eigene Rolle dabei, so glaube ich, war nicht mehr als die eines «Vorstellers», eines Zeremonienmeisters sozusagen, dessen, der sowohl durch die Zeit als auch das Glück begünstigt war, im geeigneten Moment aufzutreten.

Es ist keine Übertreibung, wenn ich sage, dass fast die gesamten neunzig Jahre meines Lebens dem Karatedō gewidmet waren. Ich war ein ziemlich kränkliches Baby und ein schwächliches Kind, deshalb schlug jemand, als ich noch ziemlich jung war, vor, ich solle, um diese Nachteile zu überwinden, mit dem Studium des Karate beginnen. Dies tat ich zwar, jedoch anfänglich mit wenig Interesse. Später jedoch, während der zweiten Hälfte meiner Volksschulzeit, nachdem sich meine Gesundheit merklich zu bessern begonnen hatte, erwachte mein Interesse an Karate. Bald stellte ich dann fest, dass es von mir Besitz ergriffen hatte. Der Aufgabe, es zu beherrschen, weihte ich schließlich Geist und Körper, Herz und Seele. Ich war ein schwächliches, unentschlossenes und introvertiertes Kind gewesen; als ich erwachsen war, fühlte ich mich stark, energisch und offen.

Wenn ich auf die neunzig Jahre meines Lebens zurückblicke – Kindheit, Jugendzeit, Erwachsensein, Alter (ein Ausdruck, den ich nicht mag) –, so stelle ich fest, dass ich dank meiner Hingabe an Karatedō niemals einen Arzt aufsuchen musste. Ich habe niemals in meinem Leben Medizin genommen: Keine Pillen, keine Elixiere, nicht einmal eine Spritze habe ich bekommen. In den letzten Jahren haben meine Freunde behauptet, ich sei unsterblich; das ist ein Scherz, auf den ich nur einfach und ernst antworten kann, dass mein Körper so gut trainiert ist, dass er gegen Krankheiten und Leiden immun ist.

Es gibt meiner Meinung nach drei Leiden, die einen Menschen quälen können: Krankheiten, die Fieber verursachen, Fehlfunktionen des Verdauungssystems und körperliche Verletzungen. Fast ausnahmslos liegt der Grund für jedwede Fehlfunktion in einem ungesunden Lebensstil, schwankenden Gewohnheiten und einem schlechten Kreislauf. Falls jemand, der unter Fieber leidet, Karate übt, bis er zu schwitzen beginnt, wird er bald feststellen, dass sich seine Temperatur normalisiert hat und seine Krankheit geheilt ist. Wenn jemand mit Magenproblemen dasselbe tut, wird er dadurch eine bessere Blutzirkulation erreichen und so seine Beschwerden lindern. Körperliche Verletzungen sind natürlich etwas anderes, aber deren viele können von einem durchtrainierten Menschen durch Vorsicht und Achtsamkeit vermieden werden. Karatedō ist nicht nur ein Sport, der lehrt, wie man schlägt und tritt, es ist auch eine Vorbeugung gegen Krankheiten und Gebrechen.

Vor Kurzem erst ist Karate international bekannt geworden, aber diese Popularität muss von den Karatelehrern gepflegt und mit Sorgfalt benutzt werden. Die Begeisterung, mit dem junge Männer und Frauen, ja sogar Kinder diesen Sport nicht nur in meinem eigenen Land, sondern in der ganzen Welt ausüben, hat mich sehr erfreut.

Das ist zweifellos einer der Gründe, warum mich das Sangyō Keizai Shinbun («Magazin der Wirtschaft und Industrie») bat, über Karatedō zu schreiben. Anfangs antwortete ich, dass ich nur ein alter

Mann und ganz normaler Bürger sei, der nicht viel zu berichten hätte. Andererseits stimmt es, dass ich tatsächlich mein ganzes Leben dem Karatedō gewidmet habe, und so habe ich das Angebot der Zeitung angenommen, unter der Bedingung, eine Art Autobiografie schreiben zu dürfen.

Gleichzeitig fühle ich mich, während ich über dieser Arbeit sitze, ein wenig verlegen, und so möchte ich meine Leser bitten, mir zu verzeihen, wenn ich über belanglose Dinge schreibe. Ich möchte sie bitten, mein Buch als etwas mehr als die Fantastereien eines sehr alten Mannes zu betrachten. Ich meinerseits werde mich mithilfe meiner Leser noch einmal aufraffen und versuchen meine Energie darauf zu verwenden, das große Gesetz des Himmels und der Erde zum Wohl der Nation und künftiger Generationen aufzudecken. Um dies zu erreichen, erbitte ich die herzliche Unterstützung und Mithilfe meiner Leser.

Ich möchte an dieser Stelle Iritaka Hiroshi vom Weekly Sankei Magazine für seinen redaktionellen Beistand und Nishimura Toyohiko vom selben Blatt für sein Layout (der japanischen Ausgabe des Buchs) danken.

Funakoshi Gichin
Tōkyō, im September 1956

Karatedō – mein Weg

So verlor ich meinen Haarknoten

Die Meiji-Restauration und ich wurden im selben Jahr, 1868, geboren. Erstere erblickte das Licht der Welt in Edo, der ehemaligen Hauptstadt der Shōgun, die unter dem Namen Tōkyō bekannt wurde. Ich wurde im Bezirk Yamakawa-chō von Shuri, der königlichen Hauptstadt Okinawas, geboren. Falls sich jemand die Mühe macht, in den offiziellen Statistiken nachzusehen, so wird er feststellen, dass ich im dritten Jahr der Meiji-Ära (1870) geboren wurde, aber in Wahrheit ereignete sich meine Geburt im ersten Jahr der Ära, und ich fälschte meine Geburtsdaten, um Zugang zu den Aufnahmeprüfungen der Fachschule für Medizin in Tōkyō zu erhalten.

Damals gab es nämlich eine Bestimmung, nach der nur diejenigen, die 1870 oder später geboren waren, als für die Aufnahmeprüfung qualifiziert galten, und so hatte ich keine andere Möglichkeit, als die offiziellen Aufzeichnungen zu fälschen, was damals noch leichter ging, da die Registrierung, so merkwürdig es auch klingen mag, noch nicht so streng war.

Nachdem ich also mein Geburtsdatum geändert hatte, unterzog ich mich den Prüfungen, die ich auch bestand, aber dennoch trat ich nicht in die Schule ein. Ich glaube, der Grund hierfür war damals recht vernünftig, auch wenn er heute ein wenig seltsam erscheinen mag.

Unter den vielen Reformen, die von der jungen Meiji-Regierung während der ersten zwanzig Jahre ihrer Amtszeit eingeführt wurden, war auch das Verbot des Haarknotens, einer männlichen Haarmode, die bereits länger ein traditioneller Teil des japanischen Lebens war, als sich irgendjemand zurückerinnern konnte. Besonders in Okinawa war er nicht nur ein Symbol für Reife und Mannesalter, sondern für Männlichkeit an sich. Da das Edikt, das den geachteten Haarknoten verbot, nationale Gültigkeit hatte, war der Widerstand dagegen auch im ganzen Land verbreitet, aber ich glaube, nirgendwo waren die Fronten so verhärtet wie in Okinawa.

Hier lagen sich diejenigen, die glaubten, Japans zukünftige Bestimmung erfordere es, westliche Ideen zu adoptieren, und jene, die genau das Gegenteil glaubten, ständig wegen jeder von der Regierung eingeführten Reform in den Haaren. Nichts jedoch erregte die Menschen Okinawas so sehr wie die Frage des Haarknotens. Im Allgemeinen waren die Männer, die in die (privilegierte) *shizoku*-Klasse hineingeboren waren, dagegen, während die (gemeine) *heimin*-Klasse wie auch manche Shizoku das unterstützten, was man als «Verbotsgesetz» bezeichnen könnte. Die letztere Gruppe war bekannt als *kaika-tō* («Aufklärungs-Partei»), die erste als *ganka-tō* («Partei der Eigensinnigen»).

Meine Familie hielt seit einigen Generationen eine niedrigere Beamtenstelle inne, und so war der ganze Clan einstimmig und unnachgiebig gegen das Abschneiden des Haarknotens. Ein solcher Akt war für meine Familie gänzlich verabscheuungswürdig, obwohl es mir selbst eigentlich egal war. Das Ergebnis war, dass ich mich dem Druck der Familie beugte; und da die Schule sich weigerte, Schüler aufzunehmen, die an der traditionellen Haartracht festhielten, wurde mein ganzer zukünftiger Lebensweg von einer solchen Nebensächlichkeit wie einem Haarknoten beeinflusst.

Schließlich musste ich mich wie alle anderen dennoch fügen, aber bevor ich erzähle, wie das geschah, muss ich noch ein paar Jahre zurückgehen.

Mein Vater Gisu war ein kleiner Beamter und ich sein einziger Sohn. Da ich eine Frühgeburt war und daher oft kränkelte, und meine Eltern und Großeltern darin übereinstimmten, dass ich nicht lange leben würde, kümmerten sich alle besonders um mich. Genau genommen wurde ich von meinen Großeltern verhätschelt. Später lebte ich bei den Eltern meiner Mutter, und dort lehrte mich mein Großvater die Vier Chinesischen Klassiker sowie die Fünf Chinesischen Klassiker der konfuzianischen Literatur, die besonders für die Söhne der Shizoku-Klasse Bedeutung hatten.

Während ich bei meinen Großeltern lebte, begann ich mit dem Besuch der Grundschule, und nach einiger Zeit befreundete ich mich mit einem meiner Klassenkameraden. Dies sollte ebenfalls meinen Lebensweg beeinflussen (und zwar weitaus mehr als der Haarknoten), da mein Schulfreund der Sohn von Azato Yasutsune war, eines erstaunlichen Mannes und eines der größten Experten Okinawas in der Kunst des Karate.

Meister Azato gehörte einer der zwei höchsten Klassen unter den Shizoku Okinawas an: Die *udon* waren die höchste Klasse und gleich bedeutend wie die Daimyō unter den Clans außerhalb Okinawas; die *tonochi* waren erbliche Oberhäupter der Städte und Dörfer. Azato gehörte der letzteren Gruppe an; seine Familie bekleidete diese erhabene Stellung in der Ortschaft Azato, die zwischen Shuri und Naha lag. So groß war ihr Prestige, dass die Azatos vom früheren Gouverneur Okinawas wie gleichgestellte, enge Freunde behandelt wurden und nicht wie Vasallen.

Meister Azato war nicht nur herausragend in der Kunst des Karate, er war genauso exzellent im Reiten, im japanischen Fechten (*kendō*) und im Bogenschießen. Darüber hinaus war er ein brillanter Gelehrter. Es war mein Glück, dass er auf mich aufmerksam wurde und dass ich meine ersten Lektionen im Karate durch ihn erhielt.

Zu jener Zeit war die Ausübung des Karate durch die Regierung verboten, und die Treffen mussten deshalb geheim gehalten werden. Es war den Schülern von ihren Lehrern strikt verboten, mit jemandem darüber zu sprechen, dass sie diese Kunst erlernten. Ich werde später noch mehr darüber zu sagen haben, aber zunächst mag die Tatsache genügen, dass Karate nur im Geheimen und nur nachts geübt werden konnte.

Azatos Haus war ziemlich weit von dem meiner Großeltern entfernt, wo ich noch immer lebte, aber nachdem meine Begeisterung für diese Kunst erwacht war, wurde mir dieser nächtliche Spaziergang nie zu lang. Nach einigen Jahren der Übung erkannte ich, dass sich meine Gesundheit entscheidend gebessert hatte und dass ich nicht mehr das schwächliche Kind von früher war. Ich genoss

Karate; jedoch mehr als das fühlte ich mich wegen meines gebesserten Gesundheitszustands dieser Kunst zu Dank verpflichtet, und so überlegte ich mir damals zum ersten Mal, Karatedō zu meinem Lebens-Weg zu machen.

Jedoch kam mir nicht der Gedanke, dies einmal zu meinem Beruf zu machen, und da die Geschichte mit dem Haarknoten meiner medizinischen Karriere ein Ende gesetzt hatte, begann ich nach Alternativen zu suchen. Nun hatte ich ja von Kindheit an durch meine Großeltern und Azato Unterricht in den chinesischen Klassikern erhalten, und so beschloss ich, dieses Wissen zu nutzen und Lehrer zu werden. Also absolvierte ich die Einstellungsprüfung und erhielt eine Stelle als Assistent an einer Grundschule. Meine ersten Unterrichtserfahrungen machte ich 1888 im Alter von 21 Jahren.

Aber das Problem des Haarknotens drängte sich wieder auf, da von mir gefordert wurde, ihn abzuschneiden, bevor ich mit dem Unterricht beginnen könnte. Dies schien mir völlig begründet. Japan war damals in einem Zustand großer Unruhe. In jedem Bereich des Lebens fanden große Umwälzungen statt. Ich fühlte, dass ich als Lehrer verpflichtet war, unserer jungen Generation, die einmal die Geschicke unserer Nation lenken würde, zu helfen, die tiefen Gräben zwischen dem alten und dem neuen Japan zu überwinden. So konnte ich mich schwer dem Edikt widersetzen, das unseren traditionellen Haarknoten zu einem Relikt der Vergangenheit gemacht hatte. Nichtsdestoweniger zitterte ich bei dem Gedanken, was die älteren Mitglieder meiner Familie dazu sagen würden.

Damals trugen die Schullehrer offizielle Uniformen (denen der englischen Eliteschulen vor dem letzten Krieg nicht unähnlich) – eine dunkle Jacke, deren Knöpfe von einem anmutigen Kirschblütenmuster geziert wurden, und eine Kappe, deren Abzeichen ebenfalls ein Kirschblütenmuster trug. Mit dieser Uniform bekleidet und meines Haarknotens ledig besuchte ich meine Eltern, um ihnen zu erzählen, dass ich in einer Grundschule als Assistenzlehrer beschäftigt war.

Mein Vater konnte kaum seinen Augen trauen. «Was hast du aus dir gemacht?», schrie er wütend. «Du, der Sohn eines Samurai!» Meine Mutter, die noch wütender war, weigerte sich, überhaupt mit mir zu sprechen. Sie drehte sich um, verließ das Haus durch die Hintertür und floh zum Haus ihrer Eltern.

Ich stelle mir vor, all dieses Theater wird den heutigen Jugendlichen unwahrscheinlich lächerlich vorkommen.

Jedenfalls war der Bruch vollzogen. Trotz aller energischen Opposition meiner Eltern begann ich mit dem Beruf, den ich die nächsten dreißig Jahre meines Lebens ausüben sollte. Aber darüber vergaß ich nie meine Hauptleidenschaft. Tagsüber unterrichtete ich in der Schule und danach schlich ich mich im Dunkel der Nacht – da das Karate-Verbot noch immer bestand – zu Meister Azatos Haus, wobei ich in mondlosen Nächten eine abgeblendete Laterne trug. Da ich Nacht für Nacht im Morgengrauen nach Hause schlich, begannen die Nachbarn zu tuscheln, was ich wohl trieb. Einige glaubten, die einzige Lösung für dieses rätselhafte Verhalten wäre ein Bordell.

Der wahre Grund für dieses Verhalten war natürlich etwas ganz anderes. Nacht für Nacht übte ich unter der Aufsicht des Meisters im Hinterhof seines Hauses *kata*, die festgelegte, formelle Übung, immer wieder, Woche für Woche, manchmal Monat für Monat dasselbe, bis ich es zur Zufriedenheit meines Meisters beherrschte. Dieses dauernde Wiederholen einer einzigen Kata war grausam, brachte einen oft zur Verzweiflung und war manchmal erniedrigend. Mehr als einmal ging ich dabei im Dōjō oder in Azatos Hinterhof zu Boden. Aber das Training war hart, und es wurde mir nie erlaubt, mit einer anderen Kata zu beginnen, bevor Azato nicht überzeugt war, dass ich jene, an der ich gerade arbeitete, zufriedenstellend verstanden hatte.

Obwohl sein Alter bereits beträchtlich fortgeschritten war, saß er immer, wenn wir im Freien arbeiteten, mit einem *hakama* bekleidet formell und stocksteif auf der Veranda, eine schwache Laterne neben sich. Ziemlich häufig war ich wegen totaler Erschöpfung nicht in der Lage, auch nur die Lampe zu erkennen.

Nachdem ich eine Kata geübt hatte, wartete ich auf sein Urteil. Es war immer knapp formuliert. Wenn er unzufrieden mit meiner Technik war, murmelte er: «Noch mal» oder «Etwas mehr!». Etwas mehr, etwas mehr, so oft etwas mehr, bis der Schweiß in Strömen floss und ich fast umfiel: Dies war seine Art mir zu sagen, dass es immer noch etwas gab, was ich lernen, was ich meistern musste. Dann, wenn er mit meinem Fortschritt zufrieden war, kam sein Urteil mit einem einzigen Wort zum Ausdruck: «Gut.» Dieses eine Wort war sein höchstes Lob. Bevor ich es nicht ein paar Mal gehört hatte, wagte ich nie, ihn zu bitten, mir eine neue Kata zu zeigen.

Aber nachdem unser Training beendet war, meist in den frühen Morgenstunden, wurde er zu einem ganz anderen Lehrer. Dann philosophierte er über die Essenz des Karate oder unterhielt sich mit mir wie ein freundlicher Vater über mein Leben als Schullehrer. Wenn sich die Nacht dem Ende zuneigte und ich meine Laterne nahm, um nach Hause zu gehen, war ich mir bewusst, dass die Reise unter den argwöhnischen Blicken meiner Nachbarn enden würde.

Ich möchte unter keinen Umständen versäumen, einen guten Freund Azatos zu erwähnen, der ebenfalls aus einer Shizoku-Familie Okinawas stammte und der als genauso erfahren im Karate galt wie Azato selbst. Manchmal übte ich gleichzeitig unter der Anleitung beider Meister, Azato und Itosu. Bei diesen Gelegenheiten hörte ich aufmerksam den Diskussionen der beiden zu und erfuhr so eine Menge über die geistigen und körperlichen Aspekte dieser Kunst.

Hätte es nicht diese beiden großen Meister gegeben, wäre ich heute ein ganz anderer Mensch. Ich finde es fast unmöglich, diesen beiden gegenüber meinen Dank auszudrücken dafür, dass sie mich auf den Weg brachten, der während meines achtzigjährigen Lebens zum Hauptquell meiner Lebensfreude wurde.

Ich glaube, es ist nötig, gleich hier zu Beginn einen kurzen Kommentar dazu zu geben, was Karate *nicht* ist, da über dieses Thema in den letzten Jahren so viel Unsinn geschrieben wurde. Später werde ich zu erklären versuchen, was Karate tatsächlich ist. Aber bevor ich weitermache, halte ich es für richtig, einige der Missverständnisse zu beseitigen, die ständig den wahren Charakter dieser Kunst überlagern.

Einmal hörte ich, wie jemand, der behauptete eine Autorität zu sein, seinen erstaunten Zuhörern erklärte: «Im Karate haben wir eine Kata namens *nukite*. Mit den bloßen fünf Fingern einer Hand kann man den Brustkorb eines Gegners durchdringen, die Knochen packen und sie aus dem Körper reißen. Diese Kata», so fuhr diese sogenannte Autorität fort, «ist natürlich nur sehr schwer zu beherrschen. Man beginnt es zu üben, indem man jeden Tag stundenlang mit den Fingern in ein Fass voller Trockenbohnen stößt, und dies mehrere tausend Mal hintereinander. Zu Anfang wird die Hand durch die Übungen verletzt und beginnt zu bluten. Dann, nachdem das Blut jedes Mal gerinnt, beginnen die Finger sich auf groteske Weise zu verformen. Schließlich verschwindet der Schmerz. Nun müssen die Bohnen in dem Fass durch Sand ersetzt werden, da Sand unnachgiebiger ist und die Finger so auf mehr Widerstand stoßen. Nichtsdestoweniger werden die Finger mit fortschreitendem Training den Sand durchdringen und schließlich den Boden des Fasses erreichen. Nach dem Training mit Sand kommt das Training mit Kieselsteinen, bis man auch hier nach langem Üben den Erfolg erreicht. Zuletzt kommt das Training mit Bleikugeln. Am Schluss, nach langem und anstrengendem Üben, werden die Finger nicht nur stark genug sein, um ein dickes Holzbrett zu durchstoßen oder mit Leichtigkeit einen Stein zu zerschlagen, sondern auch, um das Fell eines Pferdes zu durchdringen.»

Ohne Zweifel glaubten viele, die sie hörten, diese seltsamen Ausführungen. Viele Karateschüler fördern aus diesem oder jenem

Grund immer noch solche Mythen. Zum Beispiel mag jemand, der mit der Kunst nicht vertraut ist, einen Eingeweihten fragen: «Ich sehe, dass du Karate übst. Sag mal, kannst du wirklich einen Felsbrocken mit deinen Fingern zerschlagen? Kannst du wirklich den Bauch eines Mannes mit ihnen durchstoßen?» Sollte der andere antworten, dass sowohl das eine als auch das andere unmöglich ist, würde er nur die Wahrheit sagen. Trotzdem gibt es ein paar Schüler, oder besser so genannte Schüler, die dann missbilligend mit den Schultern zucken und murmeln: «Tja, also manchmal ...»

Als Resultat erhält der Laie einen vollkommen falschen und abschreckenden Eindruck von dieser Kunst, und er fragt sich, ob jener Schüler wohl übermenschliche Kräfte entwickelt habe. Richtig ist, dass ein Karate-Begeisterter, der die Möglichkeiten der Kunst übertreibt und aufbauscht und somit pervertiert, leider ein fähiger Unterhalter ist, der bei seinen Zuhörern Erfolg hat und sie fasziniert und sie überzeugen wird, dass Karate etwas Furchterregendes ist. Aber was er erzählt, ist völlig falsch, und dies weiß er auch. Warum er es trotzdem tut? – Nun, es hört sich eben gut an.

Vielleicht gab es in der fernen Vergangenheit Karateexperten, die solche wundersamen Heldentaten vollbringen konnten. Darüber kann ich nicht urteilen. Aber ich kann meinen Lesern versichern, dass zumindest nach meiner langen Erfahrung niemand lebt, der, egal wie lange er geübt und trainiert hat, die natürlichen Grenzen der menschlichen Kräfte überschreiten kann.

Trotzdem gibt es Schüler, die anderes behaupten. «Im Karate», so sagen sie, «braucht man einen starken Griff. Um ihn zu erreichen, muss man sehr lange üben. Der beste Weg ist, zwei schwere Eimer, die mit so etwas wie Sand gefüllt sind, mit den Fingerspitzen hochzuheben und viele, viele Male herumzuschwingen. Jemand, der seinen Griff auf diese Weise maximal gestärkt hat, ist leicht in der Lage, das Fleisch seines Gegners in Streifen zu reißen.»

Welch ein Blödsinn! Eines Tages kam so jemand in mein Dōjō und erbot sich, mich in dem Geheimnis zu unterrichten, wie man Fleisch in Streifen reißt. Ich bat ihn, es an mir zu demonstrieren, brach aber in Lachen aus, als es ihm letztlich nur gelang, meine Haut ein wenig zu zwicken, ohne dass ich auch nur einen blauen Fleck bekam.

Es ist natürlich ganz klar, dass ein fester Griff im Karate von großem Vorteil ist. Ich erinnere mich, von einem Mann gehört zu haben, der sein Haus in Okinawa umrunden konnte, indem er sich an der Dachrinne entlanghangelte – sicher keine Übertreibung, wie jeder erkennen wird, der die Häuser in Okinawa kennt. Ich selbst habe gesehen, wie Meister Itosu einen starken Bambusstab mit bloßen Händen zerbrach. Dies mag als großartige Leistung erscheinen, aber ich glaube, dass sein bemerkenswert kräftiger Händedruck eine natürliche Gabe war, die nicht auf Training allein beruhte, obwohl das Training sie sicher verstärkt hatte. Jedermann ist mit genügend Übung in der Lage, bemerkenswerte Kraftakte zu vollbringen, aber er wird irgendwann nicht mehr weiterkommen. Es gibt eine Grenze der menschlichen Körperkraft, und niemand kann sie überschreiten.

Es stimmt, dass ein Karateexperte mehrere Dachziegel mit einem Schlag zerbrechen kann, aber ich kann meinen Lesern versichern, dass jedermann dies nach genügend Übung schafft. Es ist überhaupt nichts Außergewöhnliches an solchen Dingen.

Genauso wenig hat das irgendetwas mit dem wahren Geist des Karate zu tun; es ist nur eine Demonstration der Stärke, die jemand durch Übung erreichen kann. Es ist nichts Geheimnisvolles daran. Ich werde oft von Laien gefragt, ob der Rang eines Karateka auf der Anzahl der Bretter oder Dachziegel beruhe, die er mit einer Hand durchschlagen kann. Es gibt selbstverständlich keine irgendwie geartete Beziehung zwischen diesen beiden Dingen. Da Karate eine der am höchsten entwickelten Kampfkünste ist, hat jeder Karateka, der damit aufschneidet, wie viele Dachziegel er mit bloßen Händen zerbrechen kann, oder der behauptet, Fleisch in Streifen oder Rippen aus einem Brustkorb reißen zu können, sehr wenig Ahnung davon, was Karate wirklich ist.

Zu der Zeit, als ich meine akademische Karriere begann, gab es vier Kategorien von Volksschullehrern: solche, die hauptsächlich Anfängerklassen unterrichteten, solche für die höheren Klassen, solche, die für spezielle Kurse verantwortlich waren, und solche, die als Aushilfe arbeiteten. Damals bestand eine Schulpflicht von vier Jahren. Lehrer der ersten Kategorie unterrichteten die beiden ersten Klassen, während Ausbilder der nächsthöheren Kategorie qualifiziert waren, die beiden letzten Pflichtklassen, also die dritte und vierte, zu unterrichten, sowie auch höhere (die fünfte bis achte), für die keine Schulpflicht bestand.

Obwohl ich zuerst als Assistent angestellt war, legte ich bald die Prüfungen ab, die mich als Ausbilder der unteren Klassen qualifizierten. Ich wurde dann nach Naha, dem Sitz der Präfekturverwaltung, versetzt. Diese Versetzung, die einer Beförderung gleichkam, betrachtete ich als einen Glücksfall, da sie mir mehr Zeit und Möglichkeiten zum Studium des Karate bot.

Später qualifizierte ich mich auch als Lehrer der höheren Klassen. Da ich jedoch keine Lehrerausbildung hatte und immer mehr Leute mit einer solchen Ausbildung in das Schulsystem Okinawas eintraten, erkannte ich, dass weitere Beförderungen lange auf sich warten lassen würden.

Schließlich empfahl mich der Rektor meiner Schule für einen höheren Posten. Diese spezielle Beförderung schlug ich aus, da sie meine Versetzung in entfernte Distrikte oder auf einsame Inseln im Archipel und somit die Trennung von meinen Karatelehrern bedeutet hätte. Dies konnte ich keinesfalls akzeptieren.

Es gab außerdem noch einen anderen Grund, weshalb mir von meinen Vorgesetzten erlaubt wurde, in Naha zu bleiben, und der uns wiederum zu der Kontroverse über den Haarknoten zurückbringt. Die Familien vieler meiner Schüler waren Anhänger der «Partei der Eigensinnigen», und obwohl wir uns bereits im 24. oder 25. Jahr der Meiji-Ära befanden (1891/1892), wurde der Regierungserlass, der den Haarknoten verbot, in Okinawa noch weitgehend ignoriert. Da meine eigene Familie ebenfalls die «Partei der Eigensinnigen» unterstützte, konnte ich die Gefühle gut verstehen, die zur Missachtung der Regierungsanweisungen führten. Ich war mir aber gleichzeitig der einschneidenden Reformen bewusst, die praktisch jeden Bereich des japanischen Lebens veränderten, und so konnte ich dieser Sache nur wenig Bedeutung beimessen.

Das Erziehungsministerium sah diese Dinge natürlich anders. Bestürzt über den Widerstand in Okinawa gegen seinen Beschluss, befahl es, dass jedem Schüler auf der Insel unverzüglich sein Haarknoten abgeschnitten werden müsse. Dies war nicht so einfach, wie es klingt, da viele Schüler fest entschlossen waren, ihren Haarknoten zu behalten und deshalb ihren Eintritt in die Schule so lange wie möglich hinauszögerten. Das Resultat war, dass man sie kaum noch als Kinder bezeichnen konnte und sie für ihre Scheren schwingenden Lehrer durchaus keine harmlosen Spielkameraden darstellten. Zudem hatten viele von ihnen Karate geübt, das in Okinawa nun wieder freier praktiziert werden durfte. Volksschullehrer, die diese «Kinder» ihrem Willen unterwerfen wollten, brauchten ihre Scheren erst gar nicht in die Hand zu nehmen: Es hatte keinen Zweck.

Aus diesem Grund wurden Ausbilder, die im Karate bewandert waren, beauftragt, sich mit jenen eigensinnigen, Haarknoten tragenden Schülern zu befassen, die ebenfalls Karateschüler waren. Ich kann mich noch gut an den Anblick der Schüler erinnern, wie sie sich nach einer heftigen Rauferei den verhassten Scheren unterwarfen, mit Tränen in den Augen und geballten Fäusten, so als ob sie nichts anderes wollten, als die Diebe dieses Symbols der Männlichkeit zu vernichten. Es dauerte jedoch nicht lange, bis schließlich alle unsere Jungen kahl rasiert waren. Der Ärger um den Haarknoten war für immer beendet.

Währenddessen fuhr ich damit fort, weiter fleißig unter einer Reihe von Lehrern Karate zu trainieren: Meister Kiyuna, der mit seinen bloßen Händen innerhalb weniger Minuten die Rinde von einem lebenden Baum schälen konnte, Meister To'onno aus Naha, einem der bekanntesten konfuzianischen Gelehrten der Insel, Meister Ni'igaki, dessen gesunder Menschenverstand mich zutiefst beeindruckte, und Meister Matsumura, einem der größten Karateka, über den ich später noch mehr sagen werde. Dies heißt nicht, dass ich einen meiner ersten beiden Meister vernachlässigte. Im Gegenteil verbrachte ich so viel Zeit wie möglich mit ihnen und lernte außer Karate auch sonst noch eine ganze Menge von ihnen.

Meister Azato war zum Beispiel ein äußerst scharfsinniger Beobachter des politischen Geschehens. Ich erinnere mich, wie er einmal zu mir sagte: «Funakoshi, wenn die Transsibirische Eisenbahn fertiggestellt ist, wird ein Krieg zwischen Russland und Japan unvermeidlich sein.» Das war viele Jahre vor 1904, als die Feindseligkeiten zwischen beiden Ländern ausbrachen. Was damals unwahrscheinlich erschien, war Wirklichkeit geworden, und ich war nach Kriegsausbruch von Azatos politischem Scharfsinn und Weitblick tief beeindruckt. Er war es, der zur Zeit der Meiji-Restauration dem Gouverneur von Okinawa empfahl, mit der neu gebildeten Regierung gut zusammenzuarbeiten, und er war auch unter den Ersten, die dem Edikt, das den Haarknoten verbot, Folge leisteten.

Azato war auch ein überaus fähiger Fechter der Jigen-Schule des Kendō. Obwohl er absolut kein Aufschneider war, hatte er doch vollkommenes Vertrauen in sein Können im Fechten, und ich hörte ihn einmal sagen: «Ich bezweifle, dass ich gegen irgendjemanden verlieren würde, wenn es zu einem Kampf auf Leben und Tod käme.» Diese stille Zuversicht bestätigte sich später, als Azato auf Kanna Yōrin traf, einen der berühmtesten Fechter Okinawas.

Kanna war ein beeindruckender, muskulöser Mann mit schwellenden Arm- und Schultermuskeln; die Leute sagten von ihm, seine Schultermuskeln seien zwei Stockwerke hoch! Er war ein tapferer und äußerst furchtloser Mann, der seinen Ruf als Meister in den Kampfkünsten wohl verdiente. Er war auch ein Mann von großem Wissen, der sich sowohl in den japanischen als auch in den chinesischen Klassikern auskannte. Man konnte wirklich glauben, er sei Azato mehr als ebenbürtig.

Als er jedoch in jenem berühmten Treffen Azato mit scharfer Klinge angriff, war er sehr erstaunt, als sein unbewaffneter Gegner seinen Angriff blockierte und ihn darüber hinaus durch einen geschickten Schlag seiner Hand auf die Knie zwang. Als ich Azato bat, das Treffen zu beschreiben, schilderte er Kanna als einen sehr fähigen Fechter, der getreulich seinem Ruf, sowohl unbezwingbar als auch furchtlos zu sein, seinen Gegner schon zu Beginn des Kampfes einschüchtern konnte, um dann schnell zum tödlichen Streich zu kommen. Falls der Gegner jedoch, wie Azato meinte, sich nicht ängstigen ließe, wenn er kaltblütig bliebe und die unvermeidliche Lücke in Kannas Verteidigung suchte, so konnte der Sieg nicht schwer sein. Dieser Rat, wie auch alle anderen Belehrungen von Azatos Seite, sollten später sehr wertvoll für mich sein.

Eine andere seiner Lehren war: «Wenn du Karate übst, so betrachte deine Arme und Beine als Schwerter.» In der Tat waren Azatos eigene Karate-Vorführungen lebendige Beispiele dieser Philosophie. Einmal fragte ihn jemand nach der Bedeutung und Anwendung von *ippon-ken* (der Ein-Punkt-Faust). «Versuche mich zu schlagen», antwortete Azato ruhig. Der Mann tat, wie ihm geheißen, aber im Bruchteil einer Sekunde war sein Schlag abgewehrt und Azatos Ein-Punkt-Faust schoss auf den Bauch seines Gegner zu, wo sie im Abstand der Dicke eines Blattes anhielt. Die Geschwindigkeit der ganzen Bewegung war unvorstellbar. Der Mann, der die Frage gestellt hatte, konnte nicht einmal mit den Augen zwinkern, bevor er erkannte, dass diese Faust, hätte sie wirklich seinen Solarplexus getroffen, ihn getötet hätte.

Azato hatte genauest detaillierte Informationen über alle Karateexperten, die damals in Okinawa lebten. Sie bestanden nicht nur aus Fakten wie Namen und Adressen, sondern er war auch über ihre Fähigkeiten, ihr spezielles Können, ihre Techniken und deren Stärken und Schwächen genau unterrichtet. Er pflegte zu sagen, dass das Wissen um die Fähigkeiten und das technische Können des Gegners ein halber Sieg sei, getreu dem alten chinesischen Sprichwort: «Das Geheimnis des Sieges ist, sich selbst und seinen Gegner zu kennen.»

Azato und sein guter Freund Itosu teilten mindestens eine große Eigenschaft: Sie litten nicht unter der Eifersucht auf andere Meister. Sie stellten mich Ausbildern aus ihrem Bekanntenkreis vor und drängten mich, von jedem die Technik zu erlernen, die ihn auszeichnete. Nach meiner Erfahrung erlauben normalerweise Karatelehrer ihren Schülern nur widerwillig, auch bei Lehrern anderer Schulen zu lernen, aber Azato und Itosu waren da ganz anders. Wenn sie mir auch sonst nichts beigebracht hätten, würde ich doch immer noch von ihrem Beispiel der Demut und Bescheidenheit profitiert haben, das sie im Umgang mit ihren Mitmenschen gaben. Sie hielten sich nie bei den «heroischen» Taten im Karate auf, die man ihnen nachsagte, sondern schoben diese beiseite als «Wildheiten» ihrer Jugendzeit.

Die beiden Männer teilten auch andere Eigenschaften, interessanterweise hatten sie auch den gleichen Vornamen, Yasutsune. Philosophisch jedoch unterschieden sie sich in ihren Ansichten ebenso, wie sie körperlich verschieden waren. Während Meister Azato groß war und breite Schultern hatte, wachsame Augen und Gesichtszüge, die an einen Samurai der Vergangenheit erinnerten, war Meister Itosu von normaler Größe mit einem großen runden Brustkasten, ähnlich einem Bierfass. Trotz seines langen Schnurrbartes sah er eher wie ein wohlerzogenes Kind aus.

Dies war ein trügerischer Eindruck, da seine Arme und Hände außergewöhnliche Kraft besaßen. Egal wie oft er von Azato zum Armdrücken nach Okinawa-Art herausgefordert wurde, er gewann jedes Mal. Bei dieser speziellen Art dieses Sportes überkreuzen die Kontrahenten die Handgelenke und ballen die Fäuste; sie fassen sich nicht bei den Händen, wie es in Tōkyō üblich ist. Nachdem er einmal wie schon so oft verloren hatte, murmelte Azato gequält, dass er Itosu wohl niemals besiegen würde, auch dann nicht, wenn er beide Hände benutzen dürfte.

In der Tat war Itosu so durchtrainiert, dass sein Körper unverwundbar schien. Einmal, als er gerade ein Restaurant im Vergnügungsviertel von Naha betreten wollte, griff ihn ein junger, kräftiger Mann hinterrücks mit einem seitlichen Schlag an. Aber Itosu spannte, ohne sich auch nur umzudrehen, seine Bauchmuskeln an, sodass der Schlag von seinem Körper abprallte, und packte gleichzeitig mit seiner rechten Hand das Handgelenk des Angreifers.

Immer noch ohne sich umzublicken, zog er den Mann in das Lokal hinein. Dort bestellte er bei der erschrockenen Bedienung Essen und Wein. Während er immer noch das Handgelenk des Mannes mit seiner Rechten festhielt, trank er einen Schluck Wein aus der Schale in seiner Linken, dann zog er den Angreifer vor sich und sah ihn zum ersten Mal an. Nach einer Weile lächelte er und meinte: «Ich weiß zwar nicht, welchen Groll du gegen mich hegst, aber lass uns zusammen etwas trinken!» Man kann sich das Erstaunen des jungen Mannes über dieses Benehmen vorstellen.

Itosu hatte auch einen anderen bekannten Zusammenstoß mit einem tollkühnen jungen Mann, diesmal einem Karatelehrer einer bestimmten Schule Okinawas. Von Natur aus kampflustig und voller Stolz über seine Stärke, hatte der junge Mann die unrühmliche Angewohnheit, einsamen Passanten in finsteren Gassen aufzulauern, um dann über die Ärmsten herzufallen. Er wurde schließlich so überheblich, dass er beschloss, sogar Itosu zu überfallen, wobei er annahm, dass er den Meister würde schlagen können, da das Überraschungsmoment auf seiner Seite wäre.

Nachdem er Itosu eines Nachts gefolgt war und sich angeschlichen hatte, zielte er mit seinem kräftigsten Schlag nach dem Rücken des Meisters. Verwirrt von der Tatsache, dass er offensichtlich überhaupt keine Wirkung erzielt hatte, verlor der junge Maulheld das Gleichgewicht und fühlte zur selben Zeit, wie seine rechte Faust wie in einem Schraubstock gefangen war. Der junge Mann versuchte sich mit seiner anderen Hand zu befreien, was ihm natürlich nicht gelang. Die Kraft von Itosus Griff war sprichwörtlich in Okinawa; er konnte, wie ich schon oben erzählte, einen Bambusstab mit einer Hand zerbrechen.

Itosu ging nun weiter, wobei er den anderen hinter sich herzog, ohne sich auch nur die Mühe zu machen, sich nach ihm umzudrehen. Als er erkannte, dass sein Plan fehlgeschlagen war, erbat der junge Mann die Verzeihung des Meisters. «Aber wer bist du?», fragte Itosu sanft.

«Ich heiße Gorō», antwortete der junge Mann. Nun blickte ihn Itosu zum ersten Mal an.

«Ah,» murmelte er, «du solltest aber solche Tricks wirklich nicht mit so einem alten Mann wie mir probieren.» Damit ließ er ihn los und ging weiter seines Weges.

Lebhafte Bilder drängen sich in meiner Erinnerung, wenn ich mich an meine beiden Lehrer und ihre unterschiedlichen Philosophien des Karatedō zurückerinnere. «Betrachte deine Arme und Beine als Schwerter», lehrte Azato ständig, während Itosu mir riet, meinen Körper so zu trainieren, dass er jedem Schlag, und sei er noch so stark, widerstehen könne. Natürlich meinte er, dass ich nicht nur meinen Körper trainieren müsse, bis er hart wie Stahl würde, sondern dass ich auch täglich all die verschiedenen Karatetechniken üben müsste.

Ich entsinne mich eines Vorfalls, bei dem Itosu von einer Gruppe Halbstarker überfallen wurde, jedoch die Schläger nach kurzer Zeit alle bewusstlos auf der Straße lagen. Nachdem er gesehen hatte, dass sich Itosu in keiner Gefahr befand, lief ein Augenzeuge zu Azato, um ihm Bericht zu erstatten. Azato unterbrach die Erzählung und fragte: «Und die Raufbolde lagen selbstverständlich alle bewusstlos mit ihren Gesichtern zum Boden, oder nicht?» Überrascht gab ihm der Mann Recht, aber er wunderte sich, wie Azato das hatte wissen können.

«Sehr einfach», antwortete der Meister. «Kein Karateschuler wäre so feige, von hinten anzugreifen. Und sollte jemand, unerfahren im Karate, von vorn angreifen, würde er auf seinem Rücken liegend enden. Aber ich kenne Itosu; seine Schläge werfen seine Angreifer stets auf ihr Gesicht nieder. Ich wäre sehr verwundert, falls einer von ihnen überleben sollte.»

Ein anderes Mal erwachte Itosu nachts durch verdächtige Geräusche am Tor seines Hauses. Er näherte sich leise und erkannte, dass jemand dabei war, das Schloss seines Tores aufzubrechen. Ohne einen Moment zu zögern, durchschlug er die hölzerne Türfüllung mit einem einzigen Faustschlag. Gleichzeitig steckte er seine Hand durch das Loch und ergriff das Handgelenk des Möchtegern-Räubers. Normalerweise ist das Loch, das ein durchschnittlicher Karateka durch eine Türfüllung schlägt, zackig und in die eine oder andere Richtung ausgesplittert. In diesem besonderen Fall gab es jedoch nur ein rundes Loch. Dass dies stimmt, weiß ich, weil Azato es mir selbst erzählt hat.

Ich war mir immer des Lobes, das mir diese beiden Meister zuteilwerden ließen, bewusst. Zum Dank vollzog ich ein Ritual – nicht nur zu ihrer Ehre, sondern um auch alle anderen Meister zu ehren, die mich je unterrichteten, was ich auch jedem heutigen Karateschüler empfehle: Ich entzündete Weihrauchstäbchen vor dem buddhistischen Altar jedes Lehrers und gelobte meinen trainierten Körper niemals zu unmoralischen Zwecken zu missbrauchen. Ich glaube, es ist diesem treu gehaltenen Schwur zu verdanken, dass ich wie ein Mitglied der Familie behandelt wurde, auch nachdem ich längst geheiratet und Kinder hatte – genau genommen bis zum Tod der beiden alten Männer.

Regelmäßig nahm ich meine Kinder mit in ihre Häuser, wo sie bei diesen Gelegenheiten den anderen Kindern Kata vorführten und sie baten, es auch zu versuchen. Die beiden Meister bewirteten meine Kinder mit Süßigkeiten, wie ich sie ihnen nicht bieten konnte (das Beste, was ich damals geben konnte, war ab und zu eine süße Kartoffel). Die Meister liebten die Kleinen und behandelten sie wie ihre eigenen Enkel. Bald begannen die Kinder von selbst die Meister aufzusuchen, genauso wie ich es als Kind auch getan hatte. Und bald begannen sie Karate so zu lieben, wie ich es tat.

Wenn ich heute zurückblicke, erkenne ich, dass unsere beiden Generationen, sowohl meine Kinder als auch ich, ungemein von den Lehren dieser beiden Meister profitierten. Wo sollte ich Worte finden, meinen Dank auszudrücken?

Unter den Lehrern Okinawas, bei denen ich von Zeit zu Zeit trainierte, war auch Meister Matsumura, von dem eine berühmte Geschichte erzählt wird: wie er einen anderen Meister ohne einen einzigen Schlag besiegte. So berühmt ist diese Geschichte, dass sie bereits zur Legende wurde; nichtsdestoweniger sollte ich sie hier noch einmal erzählen, da sie ein einzigartiges Beispiel für den wahren Charakter des Karate ist.

Beginnen wir in dem recht bescheidenen Geschäft eines Mannes aus Naha, der sich seinen Lebensunterhalt durch das Eingravieren von Mustern in Gegenstände des täglichen Gebrauchs verdiente. Obwohl er bereits seinen vierzigsten Geburtstag hinter sich hatte, war er immer noch in der Blüte seiner Jahre: Sein massiger Nacken glich dem eines Stiers. Unter den kurzen Ärmeln seines Kimono schwollen seine Muskeln, seine Wangen waren voll, und sein Gesicht hatte die bronzene Farbe von Kupfer. Wohl war er ein bescheidener Mann, aber es war klar, dass man mit ihm rechnen musste.

In seinen Laden kam eines Tages ein Mann von ganz anderer Art, dem man aber ebenfalls seinen Kampfgeist ansehen konnte. Er war jünger als der Graveur, etwa in den späten Zwanzigern, keinesfalls aber älter als dreißig, und sein Äußeres war, obgleich ihm die Massigkeit des Graveurs fehlte, nicht weniger beeindruckend. Er war groß, mindestens ein Meter achtzig, aber das Auffallendste an ihm waren seine Augen: Sie waren so scharf und durchdringend wie die eines Adlers. Trotzdem war er, als er den Arbeitsraum des Graveurs betrat, bleich und niedergeschlagen.

Seine Stimme war gedämpft, als er dem Graveur sagte, er wolle ein Muster in den Messingkopf seiner langstieligen Pfeife graviert haben.

Als er die Pfeife entgegennahm, sagte der Graveur mit sehr freundlichen Worten, da er eindeutig einer sozial niedrigeren Klasse als der Besucher angehörte: «Entschuldigt, Herr, aber seid Ihr nicht Matsumura, der Karatelehrer?»

«Ja», kam die lakonische Antwort. «Weshalb?»

«Ah, ich wusste, ich irre mich nicht! Seit langer Zeit schon hoffe ich, bei Euch Karate lernen zu dürfen.»

Aber die Antwort des jüngeren Mannes war schroff. «Tut mir leid», sagte er, «ich unterrichte nicht mehr.»

Der Graveur fuhr jedoch fort: «Ihr unterrichtet den Chef des Clans persönlich, nicht wahr?», fragte er. «Jedermann sagt, dass Ihr der beste Karateausbilder des Landes seid.»

«Ich habe ihn tatsächlich unterrichtet», antwortete der junge Mann bitter, «aber es ist nicht meine Gewohnheit, andere zu unterrichten. Und Tatsache ist, dass ich auch den Chef des Clans nicht mehr unterrichte. Um Ihnen die Wahrheit zu sagen», brach er los, «hängt mir Karate zum Hals heraus!»

«Wie ungewöhnlich, so etwas zu sagen!», rief der Graveur. «Wie kann ein Mann von Eurem Format Karate satthaben? Würdet Ihr so freundlich sein und mir sagen, warum?»

«Ist mir doch egal», murrte der junge Mann, «ob ich den Chef des Clans unterrichte oder nicht. In Wahrheit verlor ich meinen Posten, *weil* ich ihn im Karate unterrichtete.»

«Ich verstehe nicht», sagte der Graveur. «Jeder weiß, dass Ihr der beste lebende Ausbilder seid, und wenn Ihr ihn nicht unterrichtet, wer dann? Sicher kann niemand Euren Platz einnehmen.»

«In der Tat», antwortete Matsumura, «war es meinem Ruf zu verdanken, dass ich den Posten als Ausbilder des Clanoberhaupts erhielt. Aber er war ein uninteressierter Schüler. Er weigerte sich, seine Techniken zu verfeinern, die trotz meiner Anstrengungen ungeschliffen blieben. Oh, ich hätte ihn leicht gewinnen lassen können, wenn ich das gewollt hätte, aber das hätte ihm kaum Nutzen gebracht. Stattdessen zeigte ich einige seiner Schwächen auf und forderte ihn heraus, mich mit all seiner Kraft anzugreifen. Er griff sofort mit einem zweifachen Fußstoß (*nidan-geri*) an. Er war recht geschickt, aber ich brauche Euch gegenüber wohl kaum zu betonen, dass nur ein Neuling mit einem doppelten Fußstoß beginnt, wenn er sich einem Gegner gegenübersieht, von dem er weiß, dass dieser weitaus besser ist.

Ich beschloss diesen Fehler zu nutzen und ihm eine längst fällige Lektion zu erteilen. Wie Ihr sicher wisst, ist ein Kampf im Karate eine Frage von Leben und Tod, und ein entscheidender Fehler ist nicht wiedergutzumachen. Er ist unmöglich wieder auszubügeln. Ihr wisst dies alles selbst. Aber offensichtlich wusste er es nicht, und um ihm die Wirklichkeit zu zeigen, blockierte ich seinen Angriff mit meiner Schwerthand und warf ihn um. Aber noch bevor er den Boden berührte, warf ich mich mit meinem Körper gegen den seinen. Er landete schließlich in einem mindestens sechs Meter entfernten Haufen.»

«War er schwer verletzt?», fragte der Graveur.

«Seine Schulter, seine Hand, sein Bein, alles, was meine Schwerthand getroffen hatte, lief grün und blau an.»

Der junge Mann schwieg für einen Moment. Dann fuhr er fort: «Lange Zeit konnte er nicht einmal vom Boden aufstehen.»

«Wie furchtbar!», rief der Graveur. «Selbstverständlich wurdet Ihr gerügt?»

«Selbstverständlich. Mir wurde befohlen, sofort zu gehen und nicht wiederzukommen, bevor ich nicht weitere Nachricht erhielte.»

«So ist das also», sagte der Graveur nachdenklich. «Aber sicher wird er Euch verzeihen.»

«Ich glaube kaum. Obwohl sich der Vorfall vor mehr als hundert Tagen ereignete, habe ich nichts mehr von ihm gehört. Man erzählt mir, dass er immer noch sehr wütend auf mich ist und sagt, ich wäre viel zu arrogant. Nein, ich bezweifle, dass er mir verzeihen wird. Ah», murmelte der Meister, «wenn ich es doch von Anfang an unterlassen hätte, dem Clanoberhaupt Karate beizubringen. Wahrscheinlich ginge es mir selbst besser, wenn ich nie Karate gelernt hätte.»

«Unsinn!», sagte der Graveur. «Im Leben jedes Mannes gibt es Höhen und Tiefen. Aber», so fügte er hinzu, «da Ihr ihn nicht mehr unterrichtet, warum unterrichtet Ihr nicht mich?»

«Nein», sagte Matsumura schroff. «Ich unterrichte nicht mehr. Außerdem, warum sollte jemand mit Eurem Ruf als Experte bei mir Unterricht nehmen wollen?»

Matsumura sagte nur die Wahrheit; das Ansehen des Graveurs war sowohl in Naha als auch in Shuri groß.

«Vielleicht ist dies kein ausreichender Grund», sagte der Graveur, «aber ich bin neugierig zu sehen, wie Ihr Karate unterrichtet.»

War da ein Unterton in der Stimme des Graveurs, der den jüngeren Mann ärgerte? War es die Annahme, dass der Lehrer des Clanoberhaupts vielleicht der Lehrer des Graveurs werden könnte? Wie alle jungen Männer schnell bereit, etwas übel zu nehmen, rief Matsumura ärgerlich: «Wie dickköpfig Ihr seid! Wie oft muss ich Euch noch sagen: Ich will kein Karate mehr unterrichten!»

«Dann», sagte der Graveur mit ein wenig unfreundlicherem Ton als am Anfang, «wenn Ihr Euch weigert, mich zu unterrichten, weigert Ihr Euch auch, mir einen Kampf zu gewähren?»

«Was soll das?», fragte Matsumura ungläubig. «Ihr wollt einen Kampf mit mir? Mit *mir*?»

«Genau! Warum nicht? In einem Kampf gibt es keine Klassenunterschiede. Da Ihr außerdem nicht mehr den Chef des Clans unterrichtet, braucht Ihr auch seine Zustimmung zu einem Kampf mit mir nicht mehr. Und ich kann Euch versichern, ich werde vorsichtiger mit meinen Armen und Beinen sein, als er es war.» In diesem Augenblick konnten die Worte des Graveurs, ebenso wie sein Ton, nur als anmaßend bezeichnet werden.

«Ich weiß», sagte Matsumura, «obgleich ich nicht weiß, wie gut. Aber glaubt Ihr nicht, Ihr seid zu weit gegangen? Es ginge ja nicht darum, verletzt zu werden oder nicht, es ginge auf Leben und Tod. Seid Ihr bereit zu sterben?»

«Ich bin gern bereit zu sterben», antwortete der Graveur.

«Dann erweise ich Euch gern den Gefallen», erwiderte Matsumura. «Natürlich kann niemand die Zukunft voraussagen, aber es gibt ein altes Sprichwort: ‹Wenn zwei Tiger gegeneinander kämpfen, wird der eine verletzt und der andere getötet.› Also werdet Ihr, egal ob Ihr verliert oder gewinnt, nicht unverletzt davonkommen. Zeit und Ort für unser Treffen», schloss Matsumura, «überlasse ich Euch.»

Der Graveur schlug fünf Uhr des kommenden Morgens vor, und Matsumura stimmte zu. Was den Ort anging, so einigten sie sich auf den Friedhof des Kinbu-Palastes hinter dem Tama-Palast.

Pünktlich um fünf Uhr standen sich die zwei Männer in einer Entfernung von nur zwölf Metern gegenüber. Der Graveur machte die erste Bewegung und verkürzte die Entfernung auf die Hälfte. Dort nahm er mit der rechten Faust an der Hüfte eine *gedan*-Position ein. Matsumura erhob sich von dem Felsen, auf dem er gesessen hatte, und stellte sich seinem Gegner in der natürlichen Stellung (*shizen-tai*) gegenüber; sein Kinn ruhte auf seiner linken Schulter.

Von der Stellung seines Kontrahenten verblüfft, fragte sich der Graveur, ob der Mann wohl den Verstand verloren habe. Das war eine Kampfstellung, die anscheinend keine Verteidigungsmöglichkeit bot, und der Graveur bereitete sich auf seinen Angriff vor. Genau in diesem Moment öffnete Matsumura seine Augen weit und blickte tief in die des anderen. Von einer Kraft, einem Blitzschlag vergleichbar, zurückgeworfen, begann der Graveur zu taumeln. Matsumura hatte nicht einen Muskel bewegt; er stand da wie zuvor, anscheinend wehrlos.

Schweiß bedeckte die Brauen des Graveurs, und seine Achselhöhlen waren schon feucht; er fühlte sein Herz ungewöhnlich schnell schlagen. Er setzte sich auf einen nahen Felsen. Matsumura tat das Gleiche.

«Was ist geschehen?», murmelte der Graveur zu sich selbst. «Warum all dieser Schweiß? Warum schlägt mein Herz so wild? Wir haben doch noch keinen einzigen Schlag ausgetauscht!»

Dann hörte er Matsumuras Ruf: «He! Mach weiter! Die Sonne geht auf. Lass uns weitermachen!»

Die beiden Männer erhoben sich, und Matsumura nahm wieder dieselbe Position wie vorher ein. Der Graveur war entschlossen, den Angriff diesmal zu Ende zu führen und bewegte sich auf den Gegner zu – von zwölf Metern auf zehn, dann auf acht … sechs … vier Meter. Da hielt er an, unfähig weiter voranzugehen, bewegungslos gemacht durch die unheimliche Kraft, die aus Matsumuras Augen kam.

Seine eigenen Augen verloren ihren Glanz, und er stand da wie in Trance versetzt durch die Ausstrahlung von Matsumuras Augen. Gleichzeitig war er unfähig, seinen Blick von dem seines Gegners loszureißen; er spürte innerlich: Wenn er es täte, würde etwas Furchtbares passieren. Wie könnte er sich aus dieser Lage befreien? Plötzlich stieß er einen lauten Schrei aus, ein *kiai* ähnlich einem «Yach!», das über den Friedhof schallte und von den umliegenden Hügeln zurückgeworfen wurde. Aber Matsumura stand immer noch bewegungslos. Bei diesem Anblick sprang der Graveur überrascht und erschrocken zurück.

Meister Matsumura lächelte. «Was ist los?», rief er. «Warum greifst du nicht an? Du kannst einen Kampf nicht durch Schreie allein gewinnen!»

«Ich verstehe es nicht», antwortete der Graveur. «Ich habe noch nie einen Kampf verloren. Und nun ...» Nach einem Moment des Schweigens hob er sein Gesicht und meinte leise zu Matsumura: «Ja, lass uns weitermachen! Das Ergebnis des Kampfes steht zwar bereits fest, ich weiß es, aber beenden wir ihn. Wenn wir es nicht tun, verliere ich mein Gesicht – so sterbe ich lieber. Aber ich warne dich, ich werde in *sutemi* angreifen (das hieß, er würde bis zum Tod kämpfen).»

«Gut», rief Matsumura zurück, «dann los!»

«Dann vergebt mir, wenn Ihr wollt», sagte der Graveur, als er angriff, aber im selben Moment löste sich aus Matsumuras Kehle ein lauter Schrei, der wie Donner in den Ohren des Graveurs klang. Wie zuvor der Blitz aus Matsumuras Augen, so nagelte ihn nun der Donner seiner Stimme fest. Dem Graveur wurde klar, dass er sich nicht bewegen konnte. Bevor er wehrlos zu Boden fiel, machte er noch einen letzten schwachen Versuch anzugreifen. Ein Stück weiter wurde Matsumuras Kopf von der aufgehenden Sonne vergoldet: Er erschien dem besiegten Graveur wie einer der Gottkönige der Sage, die Dämonen und Drachen töteten.

«Ich gebe auf!», schrie der arme Graveur. «Ich gebe auf!»

«Was?», rief Matsumura. «So redet doch kein Experte!»

«Ich war verrückt, Euch herauszufordern», sagte der Graveur, während er sich erhob. «Das Ergebnis war von Anfang an klar. Ich bin zutiefst beschämt. Es gibt keinen Vergleich zwischen meinem Können und Eurem.»

«Das ist nicht richtig», antwortete Matsumura freundlich. «Euer Kampfgeist ist vorbildlich, und ich glaube, Ihr besitzt großes Können. Hätten wir wirklich gekämpft, so hätte ich genauso gut besiegt werden können.»

«Ihr schmeichelt mir», sagte der Graveur. «Tatsache ist, dass ich vollkommen hilflos war, wenn ich Euch ansah. Ich war so erschreckt durch Eure Augen, dass ich jeden Kampfgeist verlor, den ich besaß.»

Matsumuras Stimme wurde sanft. «Vielleicht», sagte er. «Aber so viel weiß ich: Ihr ward entschlossen zu gewinnen, und ich war genauso entschlossen zu sterben, falls ich verlieren sollte. Das war der Unterschied zwischen uns.»

«Hört», fuhr er fort, «als ich gestern in Euren Laden kam, war ich sehr unglücklich, von dem Chef des Clans verwiesen worden zu sein. Nach Eurer Herausforderung war auch ich ängstlich; als wir uns jedoch zu dem Kampf entschlossen, verschwanden plötzlich alle meine Sorgen. Ich erkannte, dass ich von Kleinigkeiten besessen war: dem Verbessern der Technik, der Kunst des Unterrichtens, wie ich dem Chef des Clans schmeicheln sollte. Ich war zu sehr mit dem Problem beschäftigt, wie ich meine Stellung halten könnte.

Heute bin ich ein weiserer Mann als gestern. Ich bin ein menschliches Wesen und somit verwundbar. Man kann nicht perfekt sein. Nach dem Tod wird man wieder zu den Elementen – zu Erde, zu Wasser, zu Feuer, zu Wind, zu Luft. Materie ist Leerheit. Alles ist vergänglich. Wir sind wie Grashalme oder Bäume im Wald, Lebewesen des Universums, vom Geist des Weltalls, und der Geist des Weltalls kennt weder Leben noch Tod. Stolz ist das einzige Hindernis für das Leben.»

Nachdem er dies gesagt hatte, schwieg er. Der Graveur schwieg ebenfalls und dachte über die unschätzbare Lektion nach, die ihm erteilt worden war. Wann immer er in späteren Jahren mit seinen Freunden über dieses Geschehen sprach, vergaß er nie seinen ehemaligen Gegner als einen Mann wahrer Größe zu schildern.

Matsumura wurde kurz darauf wieder in seine Position als persönlicher Ausbilder des Clanoberhaupts eingesetzt.

Die unüberlieferte Geschichte des Karate

Da es im Grunde genommen kein niedergeschriebenes Material über die Frühgeschichte des Karate gibt, wissen wir weder, wer es erfand und weiterentwickelte, noch woher es stammt oder wo es sich entwickelte. Seine früheste Geschichte kann man nur von mündlich überlieferten Legenden ableiten, und diese tendieren wie die meisten Legenden dazu, fantasievoll und ungenau zu sein.

Während meiner Kindheit, in den ersten Jahren der Meiji-Regierung, war Karate, wie bereits erwähnt, verboten. Man konnte es nicht legal praktizieren, und es gab selbstverständlich keine Karate-Dōjōs. Ebenso wenig gab es professionelle Ausbilder. Männer, die als Eingeweihte bekannt waren, nahmen heimlich ein paar Schüler auf, verdienten aber ihren Lebensunterhalt mit Arbeiten, die in keiner Beziehung zum Karate standen. Und jene, die als Schüler angenommen wurden, taten es aus Interesse an dieser Kunst. Ich war zum Beispiel am Anfang Meister Azatos einziger Schüler und einer der wenigen, die unter Meister Itosu lernten.

Da es keine berufsmäßigen Ausbilder gab, wurde wenig Wert auf die schriftliche Beschreibung von Techniken u.s.w. gelegt, ein Mangel, den ein Mann wie ich, dessen Lebensaufgabe das Verbreiten des Karatedō war, tief bedauert hat. Obwohl ich den Mangel nicht beheben kann, werde ich versuchen das wiederzugeben, was ich von meinen Lehrern über die Geschichten, die man sich in Okinawa erzählte, gehört habe. Leider weiß ich auch, dass mein Gedächtnis nicht immer zuverlässig ist, und so werden auch mir manchmal Fehler unterlaufen. Aber ich werde mein Bestes tun, um das Wenige wiederzugeben, was ich über den Ursprung und die Entwicklung des Karate in Okinawa erfahren habe.

Von Napoleon berichtet man, er habe erfahren, irgendwo im fernen Osten gäbe es ein kleines Königreich, dessen Einwohner keine einzige Waffe besäßen. Es scheinen wenig Zweifel zu bestehen, dass sich dies auf die Ryūkyū-Inseln bezog, die nun zur Präfektur Okinawa gehören, und dass Karate von den Bewohnern dieser Inseln aus einem bestimmten Grund erfunden, weiterentwickelt und verbreitet wurde, nämlich dem, dass ihnen per Gesetz verboten war, Waffen zu tragen.

Tatsächlich gab es zwei solcher Verbote: Eines wurde vor ungefähr 500 Jahren verkündet, das andere 200 Jahre später. Vor der Bekanntgabe des ersten Erlasses waren die Ryūkyū-Inseln in drei sich bekriegende Königreiche geteilt: Chūzan, Nanzan und Hokuzan. Es war der Monarch von Chūzan, Shō Hashi, der, nachdem es ihm gelungen war, die drei Königreiche zu vereinigen, allen Bewohnern der Ryūkyū-Inseln den Besitz von Waffen, sogar den von alten, rostigen Schwertern, verbot.

Er lud auch alle berühmten Gelehrten und Staatsmänner der drei Königreiche nach Shuri, seiner Hauptstadt, ein, wo er eine Zentralregierung errichtete, die die nächsten 200 Jahre überdauern sollte.

Im Jahr 1609 jedoch musste der regierende König der Dynastie eine Armee ausrüsten, um eine Invasion der Inseln zurückzuschlagen, die von Shimazu, dem Daimyō von Satsuma (jetzt Präfektur Kagoshima), unternommen wurde. Die frisch bewaffneten Krieger der Ryūkyū-Inseln kämpften mit bemerkenswerter Tapferkeit und Ritterlichkeit gegen die Soldaten des Satsuma-Clans, die im ganzen Land wegen ihres Kriegskönnens bekannt und gefürchtet waren, aber nach Anfangserfolgen in kleineren Schlachten besiegelte eine überraschende Landung von Shimazus Streitkräften sowohl das Schicksal der Inseln als auch das ihres Monarchen, der sich ergeben musste.

Da Shimazu das Verbotsedikt für Waffen erneuerte, begannen viele Bewohner der Ryūkyū-Inseln (die meisten waren Mitglieder der Shizoku-Klasse) heimlich eine Form der Selbstverteidigung zu üben, bei der Hände und Füße die einzigen Waffen waren. Was es genau war, kann nur vermutet werden. Es ist jedoch bekannt, dass Okinawa bereits jahrhundertelang Handel mit der Provinz Fukien in Südchina pflegte, und wahrscheinlich breitete sich deshalb das chinesische *kenpō* («Boxen») auf der Insel aus.

Aus diesem Kenpō entwickelte sich das heutige Karate. Es war zuerst als «Okinawa-te» bekannt, und ich erinnere mich, dass ich als Kind meine Eltern sowohl von «Okinawa-te» als auch von «Karate» reden hörte (das «Kara» bedeutet in diesem Fall «China»). Ich begann damals Okinawa-te für eine einheimische Kampfkunst zu halten und Kara-te für eine chinesische Form des Boxens. Auf jeden Fall vermutete ich einen klaren Unterschied zwischen beiden.

Während der Jahre des Waffenverbots wurden von Satsuma aus Aufseher auf die Inseln gesandt, um die genaue Einhaltung des Verbots zu gewährleisten, und so ist es kaum verwunderlich, dass Karate (das in der weiter entwickelten Form einen Mann in die Lage versetzte, ohne Waffen zu töten) nur im Geheimen geübt werden konnte. Ich bemerkte schon früher, dass die Heimlichkeit des Karate bis in die frühen Jahre der Meiji-Ära bestand, teilweise auch nur deshalb, weil der alte Erlass in den Köpfen der Menschen fortlebte.

Nach meiner Beobachtung kommen in den Volkstänzen Okinawas eine Reihe von Bewegungen vor, die jenen des Karate gleichen, und ich vermute, dass Eingeweihte, die diese Kampfkunst im Geheimen übten, diese Bewegungen in die Tänze einführten, um die Obrigkeit weiter zu verwirren. Sicherlich wird jeder, der die Volkstänze Okinawas untersucht (und diese sind inzwischen in den Großstädten recht populär), einen augenfälligen Unterschied zu den viel anmutigeren Tänzen der anderen Inseln feststellen. Die Tänzer Okinawas, männliche wie weibliche, benutzen ihre Hände und Füße weitaus energischer, und das Betreten wie auch das Verlassen der Tanzfläche erinnern stark an den Anfang und das Ende einer Karate-Kata.

In der Tat hat man die Essenz der Kunst in den Worten zusammengefasst: «Karate beginnt und endet mit Höflichkeit.» Okinawa selbst wurde jahrhundertelang von seinen Bewohnern als der Ort betrachtet, wo alle Formen der Etikette am striktesten eingehalten wurden.

Der berühmte Torbogen vor der Burg von Shuri wurde Shurei no mon, «Tor der Höflichkeit», genannt. Nachdem die Meiji-Regierung an die Macht gekommen und Okinawa zu einer Präfektur geworden war, wurde das Shurei no mon zu einem nationalen Denkmal erklärt. Leider existiert es heute nicht mehr, da es während der Schlacht um Okinawa gegen Ende des Zweiten Weltkriegs völlig zerstört wurde. Ist es nicht eine Ironie der Geschichte, dass die amerikanischen Militärbasen in unmittelbarer Nachbarschaft zu dem Boden errichtet wurden, auf dem einst das Tor stand, das den Frieden symbolisierte?

Von der «chinesischen» zur «leeren» Hand

Die japanische Sprache ist weder einfach zu beherrschen noch ist sie immer so eindeutig, wie sie es sein könnte: Unterschiedliche Schriftzeichen können gleich ausgesprochen werden, und ein einzelnes Zeichen kann verschiedene Aussprachen haben, was von der jeweiligen Bedeutung abhängt. Der Ausdruck *karate* ist ein ausgezeichnetes Beispiel dafür. *Te* ist einfach, es bedeutet «Hand» oder «Hände». Aber es gibt zwei verschiedene Schriftzeichen, die beide *kara* ausgesprochen werden; eines bedeutet «leer» und das andere ist das chinesische Zeichen, das sich auf die Tang-Dynastie bezieht und als «chinesisch» übersetzt werden kann.

Sollte also unsere Kampfkunst mit den Zeichen geschrieben werden, die «leere Hand» bedeuten, oder mit jenen, die «chinesische Hand» bedeuten? Auch hier sind wir wieder auf Vermutungen angewiesen, aber ich glaube mit Sicherheit behaupten zu können, dass, bevor ich in den frühen Zwanzigerjahren von Okinawa nach Tōkyō kam, der Gebrauch des Zeichens *chinesisch* üblicher war als der des Zeichens *leer*, um «Karate» zu schreiben, aber das heißt nicht, dass der Gebrauch des «chinesischen» *kara* unbedingt richtig war.

Es stimmt, dass wir in Okinawa das Wort «Karate» benutzten, aber weit öfter nannten wir die Kunst nur *te* oder *bushi no te*, «Hand des Kriegers». Damit bezeichneten wir jemanden, der *te* studiert hatte bzw. Erfahrung im *bushi no te* hatte.

Dazu, wie das *te* zu Karate in Okinawa wurde, kann ich keine Vermutung anstellen, da es kein niedergeschriebenes Material gibt, aus dem man schließen könnte, ob das verwendete Zeichen das für «chinesisch» oder das für «leer» war. Da Okinawa lange unter chinesischem Einfluss stand und alles von dort importierte, was als gut und modisch galt, ist es am wahrscheinlichsten, dass es eher das «chinesische» als das «leere» *kara* war, aber auch dies ist nur eine Vermutung. Eigentlich hätte man die zwei Arten des *te*, die auf Okinawa gelehrt und praktiziert wurden, nach den zwei verschiedenen Schulen auf der Insel *shurite* und *nawate* nennen müssen. Aber die Schriftzeichen für «chinesische Hand» scheinen die bekannteren geworden zu sein, und vielleicht deshalb begannen die Leute zu glauben, dass Karate eigentlich eine Abart der chinesischen Boxkunst war.

Selbst heute noch gibt es Leute, die diese Auffassung vertreten, aber in Wirklichkeit ist Karate, so wie es heute geübt wird, sehr verschieden von der alten chinesischen Kunst des Boxens. Dies war der Hauptgrund, warum es schwierig für mich war, zu glauben, dass «chinesische Hand» die korrekte Bezeichnung für jenes Karate war, wie es über die Jahrhunderte entwickelt wurde. Ein paar Jahre nachdem ich nach Tōkyō gekommen war, hatte ich dann Gelegenheit, meine Unzufriedenheit über diese traditionelle Schreibweise auszudrücken. Dies geschah, als die Keiō-Universität eine Forschungsgruppe für Karate gründete und ich deshalb vorschlagen konnte, diese Kunst in *Dai Nippon Kenpō Karatedō* («Große japanische Faustmethode des Weges der leeren Hand») umzubenennen, was die Betonung des Zeichens für «leer» hervorhob und die Bedeutung «chinesisch» vernachlässigte.

Mein Vorschlag rief sowohl in Tōkyō als auch in Okinawa heftige Kritik hervor, aber ich hatte Vertrauen in die Änderung und blieb ihr auch über die Jahre hinweg treu. Seit damals hat sie so weite Zustimmung gefunden, dass heute für uns alle das Wort Karate merkwürdig aussehen würde, schriebe man es mit dem Zeichen «chinesisch» für *kara*.

Das *kara*, das «leer» bedeutet, ist zweifellos das geeignetere. Einerseits symbolisiert es die Tatsache, dass diese Kunst der Selbstverteidigung keine Waffen verwendet außer den bloßen Füßen und leeren Händen. Weiterhin bemühen sich die Schüler des Karatedō nicht nur, ihre Techniken zu vervollkommnen, sondern auch, ihr Herz und ihren Geist von allen weltlichen Wünschen und Eitelkeiten zu reinigen. Beim Lesen buddhistischer Schriften stoßen wir auf Erklärungen wie *shiki soku ze kū, kū soku ze shiki*, was wörtlich «Die Erscheinungsformen sind Leerheit, und Leerheit wird zu den Erscheinungsformen» bedeutet. Das Zeichen *kū*, das in diesem Lehrsatz auftaucht, ist das gleiche, das auch *kara* ausgesprochen wird, und es bedeutet die Wahrheit selbst. Obwohl es viele Kampfkünste gibt, wie Jūdō, Kendō, Bogenschießen, Speerkampf, Stockkampf, die in ihren Formen so unterschiedlich sind, ist ihr Endziel doch dasselbe wie beim Karatedō. Da ich mit den Buddhisten glaube, dass es die Leerheit, das Nichts ist, das allen Dingen zugrunde liegt, habe ich unerschütterlich an der Verwendung dieses speziellen Schriftzeichens festgehalten bei der Benennung der Kampfkunst, der ich mein Leben verschrieben habe.

Eigentlich hätte ich noch mehr zu sagen über die Bedeutung «leer» von *kara*, aber der Platz ist begrenzt, und für solche philosophischen Probleme ist hier wenig Raum; deshalb werde ich dieses Thema nicht weiter ausführen. Außerdem wird es in einem meiner anderen Bücher, dem *Karatedō kyōhan*, näher behandelt. Als ich feststellte, dass es mir gelungen war, den Wechsel von «chinesischer» zu «leerer» Hand populär zu machen, begann ich mit anderen Korrekturen und Vereinfachungen. Da ich hoffte, Karate würde in die Lehrpläne unserer Schulen aufgenommen, machte ich mich daran, die Kata zu überarbeiten, um sie so einfach wie möglich zu halten.

Die Zeiten ändern sich, die Welt ändert sich, und die Kampfkünste müssen sich ebenfalls ändern. Das Karate, das Hochschulstudenten heute üben, ist nicht mehr das Karate, wie es vor nur zehn Jahren praktiziert wurde, und schon gar nicht vergleichbar mit dem, was ich als Kind in Okinawa lernte.

Da es weder heute noch früher festgelegte und zu beachtende Regeln für die verschiedenen Kata gab und gibt, ist es nicht verwunderlich, wenn diese sich nicht nur im Lauf der Zeit, sondern auch von Ausbilder zu Ausbilder ändern. Am wichtigsten ist, dass Karate als sportliche Form körperlicher Ertüchtigung einfach genug sein sollte, um von jedem, ob jung oder alt, Junge oder Mädchen, Mann oder Frau, ausgeübt werden zu können.

Eine andere Reform, mit der ich mich befasste, war die Nomenklatur. Kurz nachdem ich nach Tōkyō gekommen war, veröffentlichte der Bukyōsha-Verlag ein Buch, das ich geschrieben hatte: *Ryūkyū-Kenpō – Karate*. Zu jener Zeit wurde das Wort noch als «chinesische» Hand geschrieben, und fast alle Namen der Kata, die ich in meinem Buch beschrieb, hatten ihren Ursprung in Okinawa: Pinan, Naihanchi, Chintō, Bassai, Seishan, Jitte, Jion, Sanchin und so weiter. Das waren jene Namen, die ich vor langer Zeit von meinen Lehrern gelernt hatte. Bis heute weiß keiner, wie man auf diese Namen gekommen war, und die Leute empfanden sie als schwer erlernbar.

Demzufolge begann ich, nachdem ich «chinesische» in «leere» Hand geändert hatte, den Kata Namen zu geben, die für die Japaner leichter zu gebrauchen waren und die heute weltweit üblich geworden sind: Ten no Kata, Chi no Kata, Hito no Kata, Enpi, Gangaku, Hangetsu, Meikyō, Hakkō, Kiun, Shōtō, Shōin, Hōtaku, Shōkyō usw.

Ich möchte meinen Lesern versichern, dass ich mich nicht dem Irrtum hingebe, die von mir gewählten Namen seien unveränderbar und ewig. Ich bezweifle nicht, dass in der Zukunft, da sich die Zeiten ändern, den Kata immer wieder neue Namen gegeben werden. Und so sollte es auch sein.

Karatedō ist Eins

Ein erstes Problem, das meiner Meinung nach das heutige Karatedō beeinträchtigt, ist das Überhandnehmen verschiedener Schulen. Ich glaube, dies wird auf die zukünftige Entwicklung eine schädliche Wirkung haben.

In Okinawa gab es früher zwei Schulen, Nawate und Shurite, und man glaubte, sie wären mit den zwei Schulen des chinesischen Boxens verwandt, die Wudang- und Shōrinji-Kenpō genannt wurden und ihre Blütezeit während der Yuan-, Ming- und Jin-Dynastie hatten.

Die Gründung der Wudang-Schule wird auf Zhang Sanfeng zurückgeführt, während vom Gründer der Shōrinji-Schule behauptet wird, dass es Bodhidharma selbst, der Begründer des Zen-Buddhismus, gewesen sei. Beide Schulen waren der Überlieferung nach sehr populär, und ihre Anhänger veranstalteten häufig öffentliche Vorführungen.

Der Legende nach wurde die Wudang-Schule nach dem Berg in China benannt, auf dem sie zuerst geübt wurde, während Shōrinji die japanische Aussprache des Shaolin-Tempels in der Provinz Hunan ist, in dem Daruma den Weg Buddhas predigte. Einer Version der Sage nach waren seine Jünger körperlich nicht in der Lage, die Anforderungen zu erfüllen, die die von ihm geforderten Übungen mit sich brachten, und nachdem viele von ihnen erschöpft waren, befahl er ihnen, am nächsten Morgen schon mit einem körperlichen Training zu beginnen, sodass ihre Seelen und Körper fähig würden, dem Pfad Buddhas zu folgen. Seine Trainingsmethode war eine Form des Boxens, die als Shōrinji-Kenpō bekannt wurde.

Gleichgültig wie viele der Legenden wir als historische Wahrheiten akzeptieren, so ist doch sicher, dass das chinesische Boxen über das Meer nach Okinawa kam, wo es sich mit einem einheimischen Stil des Faustkampfes vermischte, um so die Grundlagen dessen zu bilden, was wir heute als Karate kennen.

Früher waren die zwei chinesischen Boxschulen mit zwei Schulen Okinawas, Shōrin-ryū und Shōrei-ryū, verbunden, aber welche genauen Beziehungen bestanden, ist natürlich seit Langem in Vergessenheit geraten. Dasselbe trifft für die Shurite- und die Nawate-Schule zu.

Soviel wir wissen, eignen sich die Techniken des Shōrei-ryū eher für groß gewachsene Menschen, während sich die Techniken des Shōrin-ryū besser für kleinere Leute mit weniger Kraft eignen. Beide Schulen hatten ihre Vor- und Nachteile. Shōrei zum Beispiel lehrte eine effektivere Form der Selbstverteidigung, aber es fehlte ihm die Beweglichkeit des Shōrin. Die heutigen Karatetechniken verbinden die Vorteile beider Schulen.

Wieder muss ich feststellen, dass dies auch so sein sollte. Im heutigen Karate ist kein Platz für unterschiedliche Schulen. Ich weiß, dass manche Ausbilder neue und unübliche Kata eingeführt haben und sich deshalb als Begründer von «Schulen» bezeichnen lassen. Auch verbindet man meinen Namen und den meiner Kollegen mit der Shōtōkan-Schule, aber ich weise diesen Versuch einer Klassifikation schärfstens zurück. Ich glaube, dass alle diese «Schulen» miteinander verschmolzen werden sollten, sodass sich das Karatedō auch in der Zukunft normal und nutzbringend weiterentwickeln kann.

Auch meine Frau praktiziert Karate

Ich habe bereits erwähnt, dass meine Familie der Shizoku-Klasse entstammte. Gifuku, mein Großvater väterlicherseits, war ein bekannter konfuzianischer Gelehrter, und er hatte wie die meisten Gelehrten wenig Geldsorgen, das heißt, er hatte sehr wenig Geld, über das er sich hätte Sorgen machen können. Er stand jedoch in der Gunst des *hanshu* (Oberhaupt des Clans) und erhielt so die Aufgabe und Ehre, die verwitweten Töchter des Hanshu in der konfuzianischen Morallehre zu unterrichten. Diese Privatlektionen fanden im Kuntoku Daikun Goten statt, dem Palast, in dem die Damen lebten und in dem auch ein Schrein stand, der den Ahnen des Hanshu geweiht war. Männern war das Betreten des Palastes selbstverständlich verboten, aber für Gifuku wurde eine Ausnahme gemacht.

Nachdem er zu weiterem Unterrichten zu alt geworden war, trat er von seinem Posten zurück und wurde vom Hanshu mit einem Haus belohnt, das nahe dem Palast in Teiramachi stand; zur Zeit der Meiji-Restauration erhielt er auch eine namhafte Summe Geldes. Unglücklicherweise wurde nach dem Tod meines Großvaters all das Geld und der Besitz, den er meinem Vater vermachte, langsam aber sicher verschleudert.

Im Gegensatz zu mir war mein Vater groß und stattlich. Er war ein Experte im Stockkampf (*bōjitsu*) und ein gewandter Sänger und Tänzer, aber er hatte eine unglückliche Schwäche. Er war ein starker Trinker, und ich vermute, dass dies der Grund ist, warum Gifukus Erbe langsam den Händen unserer Familie entglitt. Schon zur Zeit meiner Kindheit lebten wir in einem gemieteten Haus.

Diese bescheidenen Verhältnisse waren der Grund, warum ich erst mit über zwanzig Jahren heiratete – was im Okinawa von damals bereits ein fortgeschrittenes Alter für diesen Zweck war. Mein Gehalt als Schullehrer hatte die fürstliche Höhe von drei Yen im Monat, und mit dieser Summe hatte ich nicht nur meine Frau und mich zu ernähren, sondern auch meine Eltern und Großeltern zu unterstützen; außerdem war es Schullehrern verboten, zusätzlich Arbeit anzunehmen. Darüber hinaus arbeitete ich sehr hart im Karate, was jedoch, wie sehr ich es auch liebte, nicht ein Sen einbrachte.

So waren wir also, eine Familie von zehn Menschen, auf ein monatliches Einkommen von drei Yen angewiesen. Dass wir es trotzdem schafften, lag nur am Fleiß meiner Frau. Zum Beispiel webte sie bis spät in die Nacht eine Art Tuch namens *kasuri*, für das sie sechs Sen pro Ballen erhielt. Mit der Dämmerung stand sie auf und ging annähernd zwei Kilometer bis zu einem kleinen Feld, auf dem das Gemüse der Familie angebaut wurde. Manchmal begleitete ich sie, aber damals galt es als nicht standesgemäß, wenn ein Lehrer neben seiner Frau auf dem Feld arbeitete. So konnte ich sie nicht oft begleiten, und falls ich es trotzdem tat, trug ich einen großen breitkrempigen Hut, um nicht erkannt zu werden.

Ich wunderte mich oft, wie sie noch Zeit zum Schlafen fand, aber ich kann mich nicht erinnern, jemals ein Wort der Klage von ihr gehört zu haben. Ebenso wenig schlug sie jemals vor, ich solle meine Zeit mit etwas Nützlicherem als Karate verbringen, für das ich jede freie Minute aufwendete. Im Gegenteil ermutigte sie mich weiterzumachen und sah ab und zu meinem Training zu, während dessen sie sich selbst dafür zu interessieren begann. Und wenn sie sich einmal besonders müde fühlte, legte sie sich nicht hin und bat ihre Kinder, wie es die meisten anderen Frauen getan hätten, ihre Schultern und Arme zu massieren. Oh nein, nicht meine Frau! Stattdessen ging sie hinaus und übte Karate-Kata, um ihren erschöpften Körper zu entlasten, und mit der Zeit wurden ihre Bewegungen so geschickt wie die eines Experten.

An den Tagen, an denen ich nicht unter den scharfen Augen Azatos und Itosus übte, trainierte ich allein in unserem Hof. Mehrere junge Männer aus der Nachbarschaft, die mich beobachtet hatten, kamen eines Tages zu mir und baten mich, sie im Karate zu unterrichten, was ich selbstverständlich gern tat. Manchmal wurde ich in der Schule aufgehalten, und wenn ich nach solchen Verzögerungen nach Hause zurückkehrte, sah ich, wie die jungen Männer allein übten, wobei meine Frau sie ermunterte und verbesserte, wenn sie Fehler machten. Nur durch das Beobachten meiner Übungen und gelegentliches eigenes Training hatte sie die Kunst vollkommen verstanden.

Für unser Haus zahlten wir eine monatliche Summe von 25 Sen, was ziemlich viel war. Unsere Nachbarn waren meist kleinere Händler oder Jinriksha-Leute. Manche verkauften Hausschuhe oder Gegenstände wie Kämme, einige auch *tōfu*. Und wenn sie etwas getrunken hatten, wurden sie streitlustig.

Damals war es meistens meine Frau, die sich ins Mittel legte und Frieden stiftete. Dies gelang ihr sogar dann, wenn sich der Streit zwischenzeitlich bis zu einem Faustkampf gesteigert hatte – was schon für einen starken Mann keine leichte Aufgabe ist. Selbstverständlich verwendete sie bei ihrer Rolle als Vermittlerin keine Gewalt; sie verließ sich völlig auf ihre Überzeugungskraft. So wurde meine Frau, die wegen ihrer Sparsamkeit und ihres Fleißes daheim geehrt wurde, in der Nachbarschaft als Karateexpertin und fähige Vermittlerin bekannt.

Das Ende der Heimlichkeit

Wie ich mich erinnere, war es im ersten oder zweiten Jahr dieses Jahrhunderts, dass unsere Schule von Ōgawa Shintarō, dem Schulkommissar der Provinz Kagoshima, besucht wurde.

Unter den verschiedenen Vorführungen, die für ihn arrangiert wurden, war auch eine über Karate. Er schien sehr beeindruckt, aber erst später erfuhr ich, dass er nach seiner Rückkehr aus Okinawa dem Kultusministerium einen Bericht vorlegte, in dem er die Werte dieser Kunst pries. Als Folge von Ōgawas Bericht wurde Karate Teil des Lehrplans der Ersten Mittelschule der Präfektur und der Allgemeinen Jungenschule.

Die Kampfkunst, die ich in Heimlichkeit und Armut studiert hatte, trat endlich aus der Abgeschiedenheit heraus und fand sogar die Zustimmung des Kultusministeriums. Ich wusste nicht, wie ich

Ōgawa meinen Dank ausdrücken sollte, aber ich beschloss, alle Zeit und Arbeitskraft, die ich erübrigen konnte, der Aufgabe zu widmen diese Kunst bekannt zu machen.

Nachdem die Entscheidung gefallen war, Karate in die Lehrpläne der Schulen aufzunehmen, begann es seine unvermeidliche Anziehungskraft auf alle Arten von Menschen auszuüben. Nicht nur Mittelschulen, sondern auch Jugendorganisationen und Volksschulen nahmen diese vielschichtige Kunst der Selbstverteidigung in ihre Kursprogramme zur körperlichen Ertüchtigung auf, und viele Leute kamen zu mir, um sich Ratschläge und Anweisungen zu holen. Nachdem ich sowohl Azatos als auch Itosus Zustimmung eingeholt hatte, gab ich bekannt, dass ich nun offiziell Schüler annehmen würde, und ich kann mich noch an die Freude erinnern, als ich vor meiner ersten Karate-Gruppe stand.

Einige Jahre später ankerte Kapitän (später Admiral) Yashiro Rokurō mit seinem Schulschiff in einem nahe gelegenen Hafen, und eines Tages sah er während eines Besuchs eine Karate-Vorführung, die von Volksschülern, die ich unterrichtete, veranstaltet wurde. Er war so beeindruckt, dass er den Offizieren und Mannschaften unter seinem Kommando befahl, zu kommen und sich die Vorführung anzusehen und mit dem Studium dieser Kunst zu beginnen. Ich glaube, dies war überhaupt das erste Mal, dass Marineleute eine Karatevorführung sahen.

Später, im Jahr 1912, ankerte die Erste Flotte der Kaiserlichen Marine unter dem Kommando von Admiral Dewa in der Bucht von Chūjō, und ein Dutzend Mitglieder der Mannschaft wohnten eine Woche lang im Wohnheim der Ersten Mittelschule der Präfektur, um bei den Karateübungen zuzusehen und mitzumachen. So wurde dank des Engagements Kapitän Yashiros und Admiral Dewas bald auch in Tōkyō über Karate gesprochen, obwohl man noch sehr wenig darüber wusste.

Es verstrichen jedoch noch weitere zehn Jahre, bis Karateka von Okinawa nach Tōkyō gingen und die Kunst dort einführten und lehrten.

Im Jahr 1921 besuchte der Kronprinz und spätere Kaiser Hirohito anlässlich einer Reise nach Europa auch Okinawa. Kapitän Kanna Norikazu, der den Zerstörer kommandierte, mit dem der Prinz reiste, war in Okinawa geboren, und ich vermute, dass er es war, der vorschlug, der Prinz solle einer Karatevorführung beiwohnen. Dies wurde arrangiert, und man übertrug mir die Ehre, die Vorführung, die in der Großen Halle des Schlosses von Shuri stattfinden sollte, zu organisieren. Viele Jahre sind seitdem vergangen, aber ich kann mich noch lebhaft daran erinnern, wie aufgeregt ich war. Später erzählte man mir, der Prinz habe gesagt, er wäre von drei Dingen in Okinawa am meisten beeindruckt gewesen: der schönen Landschaft, den Drachengräben am Magischen Brunnen im Schloss von Shuri, und von Karate.

Kurz vor dem Besuch des Prinzen in Okinawa gab ich meinen Beruf als Schullehrer auf. Merkwürdigerweise war es eine Beförderung, die mein Ausscheiden verursachte, da mir meine Vorgesetzten befahlen, auf eine entlegene Insel im Archipel zu gehen, wo ich Direktor der Volksschule werden sollte. Aber meine Mutter war jetzt alt und bettlägerig, und ich als einziger Sohn war der Ansicht, dass ich sie nicht verlassen dürfte, und so blieb mir nichts anderes übrig, als um meine Entlassung zu bitten. Drei Jahrzehnte meines Lebens hatte ich als Schullehrer zugebracht, aber ich bin froh, sagen zu können, dass meine Beziehungen zum Schulsystem Okinawas nicht ganz abbrachen. Nachdem ich mit Maka'ina Shōkō, dem Chef der Präfekturbibliothek Okinawas, und Su'eyoshi Bakumonto, dem Leitenden Herausgeber der Okinawa Times, darüber beraten hatte, organisierte ich die Gesellschaft zur Unterstützung von Studenten und wurde später ihr Direktor. Gleichzeitig gründete ich mithilfe meiner Kollegen die Vereinigung Okinawas zur Förderung des Wahren Geistes der Kampfkünste, um so für die Einigung des Karatedō zu wirken.

Vielleicht wäre es bescheidener, Jugendtaten von jemandem anders erzählen zu lassen, anstatt dies selbst zu tun. Aber mein Schamgefühl hinunterschluckend werde ich die Worte des Schriftstellers Togawa Yukio zitieren, für die ich keine Gewähr übernehme, außer meinen Lesern zu versichern, dass der beschriebene Vorfall auf Wahrheit beruht. Der Leser mag in ihm vielleicht eine gewisse Verrücktheit erkennen, aber ich bedauere ihn nicht.

«Der Himmel», so schreibt Herr Togawa, «war schwarz und es wehte ein heulender Wind, der alles verwüstete, was in seinem Weg stand. Riesige Äste wurden wie Zweige von den großen Bäumen gerissen, Staub und Steine herumgewirbelt, sodass man leicht verletzt werden konnte.

Okinawa ist als Insel der Taifune bekannt, und die Wildheit seiner tropischen Stürme spottet jeder Beschreibung. Um der Kraft der Stürme zu trotzen, die jedes Jahr während der Regenzeit die Insel verwüsten, stehen die Häuser Okinawas in Mulden und sind so massiv wie möglich gebaut. Sie sind von hohen Steinwällen umgeben, und die Schieferplatten der Dächer sind mit Mörtel gesichert. Aber die Winde haben solche Kraft (sie erreichen manchmal Geschwindigkeiten von über hundertsechzig Kilometern pro Stunde), dass die Häuser trotz aller Vorsichtsmaßnahmen durchgerüttelt werden und zersplittern.

Während eines solchen Taifuns, an den ich mich erinnere, hatten sich alle Einwohner Shuris in ihre Häuser zurückgezogen und beteten, dass der Taifun ohne größeren Schaden anzurichten vorbeiziehen möge. Doch nein, es war falsch, wenn ich behauptet habe, alle Leute von Shuri seien zu Hause gewesen: Es gab einen jungen Mann, der, auf dem Dach seines Hauses im Yamakawa-chō stehend, entschlossen war, gegen den Taifun anzukämpfen.

Jeder, der diese einsame Gestalt beobachtet hätte, wäre sicher zu dem Schluss gekommen, er habe den Verstand verloren. Nur mit einem Leinenhemd bekleidet stand er auf dem schlüpfrigen Dach und hielt, um sich gegen den heulenden Wind zu schützen, in beiden Händen eine schwere Matte aus Reisstroh, eine *tatami*. Er schien bereits mehrmals vom Dach auf den Boden gestürzt zu sein, da sein fast nackter Körper überall mit Schlamm beschmiert war.

Der junge Mann schien ungefähr zwanzig Jahre alt zu sein oder vielleicht sogar jünger. Er war von kleiner Statur, kaum ein Meter fünfzig groß, aber seine Schultern waren breit und sein Bizeps geschwollen. Er trug sein Haar wie ein Sumōtori, mit einem Haarknoten und einer kleinen silbernen Haarnadel, was darauf hindeutete, dass er der Shizoku-Klasse angehörte.

Aber dies ist alles nicht wichtig. Was zählt, war der Ausdruck in seinem Gesicht: weit geöffnete Augen, in denen ein merkwürdiges Licht funkelte, hohe Augenbrauen, kupferrote Haut. Mit seinen zusammengebissenen Zähnen strahlte er eine Aura unheimlicher Stärke aus, als der Wind an ihm zerrte. Man hätte sagen können, er sei einer der wachenden Deva-Könige.

Nun nahm der junge Mann auf dem Dach eine tiefe Stellung ein, wobei er die Strohmatte gegen den tosenden Wind hielt. Die Stellung, die er einnahm, war beeindruckend, denn es sah so aus, als würde er ein Pferd reiten. In der Tat hätte jeder, der Karate kannte, sofort sehen können, dass der junge Mann die Reiterstellung, die stabilste aller Karatestellungen, eingenommen hatte und den heulenden Taifun dazu verwendete, seine Technik zu verfeinern und sowohl seinen Geist als auch seinen Körper zu stärken. Der Wind zerrte mit voller Kraft an dem jungen Mann und der Matte, aber der hielt seine Stellung und gab nicht nach.»

Begegnung mit einer Viper

In Okinawa gibt es eine Vipernart, die sehr giftig ist und *habu* genannt wird. Glücklicherweise ist ihr Biss heute nicht mehr so gefährlich wie zu meiner Jugendzeit, als das einzige Gegenmittel für einen Biss in den Arm oder das Bein in sofortiger Amputation bestand, um das Leben des Opfers zu retten. Inzwischen wurde ein wirksames Serum entwickelt, das aber sofort nach dem Biss gespritzt werden muss. Es ist immer noch ratsam, eine Begegnung mit unserer Habu, die eine Länge von etwa zwei Metern erreicht, zu vermeiden.

Damals ging ich eines Nachts, noch vor der Entwicklung des Serums, zum Haus Meister Azatos, um Karate zu üben. Dies geschah mehrere Jahre nach meiner Heirat, und ich hatte meinen Sohn, der damals in die Volksschule ging, gebeten mich zu begleiten und die kleine Laterne zu tragen, die unseren Weg durch die Inselnacht beleuchten sollte.

Als wir durch Sakashita, zwischen Naha und Shuri gelegen, gingen, kamen wir an einem alten Tempel vorbei, der der alten und sehr verehrten Göttin der Gnade geweiht war, die im modernen Japanisch Kannon heißt. Gerade als wir ihren Tempel passiert hatten, erspähte ich auf der Straßenmitte etwas, was ich zuerst für Pferdedung hielt, aber als wir näher kamen, erkannte ich, dass es lebte – und nicht nur lebte, sondern zum Angriff zusammengerollt war und die beiden Störenfriede wütend anfunkelte.

Als mein kleiner Sohn diese zwei durchdringenden Augen in der Nacht und dann beim Licht der Laterne die hervorschießende scharfe rote Zunge sah, schrie er vor Schreck auf, presste sich an mich und umklammerte vor Furcht meine Schenkel. Ich schob ihn schnell hinter mich, nahm ihm die Laterne ab und begann sie langsam von rechts nach links zu schwenken, wobei ich meine eigenen Augen auf die der Viper gerichtet hielt. Ich kann natürlich nicht sagen, wie lange dies dauerte, aber schließlich glitt die Schlange in die Dunkelheit eines nahen Kartoffelfeldes zurück, wobei sie mich noch immer anstarrte.

Erst in diesem Moment konnte ich sehen, wie äußerst lang und dick diese Habu war. Natürlich hatte ich schon früher Habu-Schlangen gesehen, aber noch nie eine, die zum Angriff zusammengerollt war. Da ich wie jeder Einwohner Okinawas ihre unangenehmen Angewohnheiten kannte, bezweifelte ich sehr, dass sie einfach so davongleiten würde, ohne auch nur den Versuch eines Angriffs zu unternehmen, und so kroch ich, so sehr ich mich auch fürchtete, in das Feld, um die Schlange zu suchen, wobei ich die Laterne vor mich hielt.

Bald sah ich diese zwei durchdringenden Augen, die das Licht der Laterne reflektierten, und erkannte, dass die Schlange mich tatsächlich erwartete. Sie hatte ihre Falle gestellt und wartete darauf, dass ich hineintappen würde. Aber glücklicherweise gab die Schlange, als sie mich und die hin und her schwingende Laterne sah, ihre Absicht auf und verschwand, diesmal endgültig, im Dunkel des Feldes.

Es schien mir, als habe ich von dieser Schlange eine wichtige Lektion gelernt. Als wir auf unserem Weg zu Azatos Haus weitergingen, sagte ich zu meinem Sohn: «Wir alle kennen die Hartnäckigkeit der Habu. Aber das war diesmal nicht die Gefahr. Die Habu, die wir trafen, schien sich in der Taktik des Karate auszukennen, und sie flüchtete nicht vor uns, als sie sich in das Feld zurückzog. Sie bereitete einen Angriff vor. Diese Habu versteht den Geist des Karate sehr gut.»

Gewinnen durch Verlieren

Ich möchte nun von zwei Ereignissen erzählen, die, so glaube ich, meinen Lesern helfen werden, die Essenz des Karate zu verstehen. Beide Vorfälle ereigneten sich vor vielen Jahren auf dem Land in Okinawa, und beide verdeutlichen, wie man durch Verlieren gewinnen kann.

Der erste ereignete sich auf der Straße südwestlich der Burg von Shuri, die zu einer früheren Gouverneursvilla, Ochaya Goten genannt, führte. Innerhalb des Grundstücks stand ein Teehaus, das nach der alten Mode von Naha gebaut war und von dem aus man einen überwältigenden Blick auf den Pazifik hatte.

Der Gouverneur kam nach Tagen schwerer Arbeit hierher, um sich mit seiner Frau und seinen Kindern zu erholen. Die Entfernung bis nach Shuri betrug knapp zwei Kilometer, und die Straße war mit Steinen gepflastert und auf beiden Seiten von großen, stattlichen Pinien gesäumt. Nachdem man die Villa, die inzwischen nicht mehr Privatbesitz des Gouverneurs war, der Öffentlichkeit zugänglich gemacht hatte, ging ich eines Abends mit Meister Itosu und einem halben Dutzend seiner Schüler dorthin, um eine Mondscheinparty zu veranstalten.

Da unsere Gruppe untereinander sehr geistesverwandt war, verloren wir das Zeitgefühl und blieben recht lange, um uns über Karate zu unterhalten und Gedichte zu rezitieren. Schließlich entschieden wir, dass es Zeit wäre zu gehen, und wir begaben uns auf die von Bäumen gesäumte Straße nach Shuri. Der Mond war nun hinter einem dichten Dunstschleier verborgen, und die jüngeren Männer trugen Laternen, um den Weg für den Lehrer zu beleuchten.

Plötzlich rief der Mann, der die Gruppe anführte, wir sollten unsere Laternen löschen. Wir taten dies und stellten fest, dass wir im Begriff waren angegriffen zu werden. Die Zahl der Angreifer schien der unserer eigenen Gruppe zu entsprechen, sodass wir unter diesem Gesichtspunkt tatsächlich bedroht waren, aber falls unsere Gegner keine Karate-Schüler wären, würden sie schmählich verlieren.

Ich drehte mich zu Itosu, um seine Anweisungen zu hören, aber alles, was er sagte, war: «Mit dem Rücken zum Mond! Steht mit dem Rücken zum Mond!»

Ich war ziemlich überrascht, da ich geglaubt hatte, unser Lehrer würde uns nun eine Chance geben, Karate anzuwenden, und selbstverständlich warteten wir alle nur darauf, uns auf diese Schlägerbande zu stürzen. Aber Itosu befahl uns nur, mit dem Rücken zum Mond zu stehen! Das schien keinen Sinn zu ergeben.

Nach ein paar Minuten flüsterte er in mein Ohr: «Funakoshi, warum gehst du nicht und unterhältst dich mit ihnen? Vielleicht sind sie nicht von Grund auf schlecht. Und wenn du ihnen erzählst, dass ich mit von der Partie bin, macht das vielleicht einen gewissen Unterschied aus.»

Ich nahm die Anweisung an und begann auf die wartende Bande zuzugehen. «Einer von ihnen kommt», hörte ich jemanden rufen. «Einer von ihnen kommt! Macht euch bereit!»

Die Atmosphäre schien auf eine Massenschlägerei hinzudeuten. Als ich mich näherte, konnte ich sehen, dass sich unsere Möchtegern-Angreifer die Gesichter mit Tüchern maskiert hatten, damit es unmöglich wäre, sie zu identifizieren.

Wie befohlen erklärte ich ihnen höflich, dass Meister Itosu Mitglied unserer Gruppe sei und dass wir alle seine Schüler wären. «Vielleicht», so fügte ich hinzu, «ist dies eine Verwechslung.»

«Itosu? Wer ist das?», murrte einer aus der Bande. «Niemals von ihm gehört!»

Ein anderer, der sah, wie klein ich war, rief: «He, du bist ja noch ein Kind! Was soll das denn, deine Nase in Männersachen zu stecken! Verschwinde gefälligst!» Dabei begann er mich bei der Brust zu packen.

Ich senkte meine Hüften in eine Karatestellung. Aber in diesem Moment hörte ich Itosus Stimme: «Kein Kampf, Funakoshi! Hör dir an, was sie zu sagen haben. Rede mit ihnen.»

«Also», sprach ich die Männer an, «was habt ihr gegen uns? Heraus damit!»

Bevor irgendjemand antworten konnte, schloss sich uns eine Gruppe Männer an, die offensichtlich einiges getrunken hatte und nun auf ihrem Nachhauseweg ausgelassen sang. Als sie nahe genug herangekommen waren, um zu erkennen, dass sich hier eine Auseinandersetzung entwickelte, begannen sie bei der Aussicht, einem schönen, blutigen Kampf zusehen zu können, fröhlich zu rufen.

Aber einer von ihnen erkannte unseren Anführer. «Ihr seid doch Meister Itosu!», rief er. «Oder etwa nicht? Selbstverständlich seid Ihr es! Worum um Gottes willen geht es?»

Dann wandte er sich der Bande zu, die uns angreifen wollte. «Was, seid ihr Kerle denn verrückt?», sagte er. «Wisst ihr nicht, wer diese Leute sind? Das ist Itosu, der Karate-Meister, mit seinen Schülern. Zehn oder zwanzig von euch könnten sie in einem Kampf ohne Regeln nicht besiegen. Ihr entschuldigt euch besser, und zwar so schnell ihr könnt!»

Es gab natürlich keine Entschuldigung, aber die Bande flüsterte eine Weile untereinander und zog sich dann leise in die Nacht zurück. Dann gab Itosu eine andere Anweisung, die wir alle ziemlich seltsam fanden. Anstatt auf dem von uns begonnenen Weg weiterzugehen, befahl er uns umzukehren und einen längeren Weg nach Shuri zu nehmen. Bevor wir sein Haus erreichten, sprach er kein Wort über die Begegnung; dann mussten wir alle versprechen, kein Wort darüber zu verlieren. «Ihr habt heute Nacht gute Arbeit geleistet, Jungs», sagte er. «Ich habe keinen Zweifel, dass ihr alle erstklassige Karateka werdet. Aber sprecht zu niemandem ein Wort darüber, was sich heute Nacht ereignet hat! Zu niemandem, versteht ihr?»

Später erfuhr ich, dass die Mitglieder der Bande beschämt zu Itosus Haus gekommen waren, um sich zu entschuldigen. Es stellte sich heraus, dass die Männer, von denen wir geglaubt hatten, sie wären Gauner oder Diebe, in Wahrheit *sanka* waren, das heißt Männer, die in einem Dorf arbeiteten, wo der hochprozentige Schnaps Okinawas, *awamori* genannt, destilliert wird. Sie waren nur recht rüpelhafte Leute, wild und stolz auf ihre Körperkraft, die uns in jener Nacht als geeignete Objekte gewählt hatten, um ihre Tapferkeit zu erproben. Da erkannte ich erst, wie klug es von Meister Itosu gewesen war, uns zu befehlen, auf einem anderen Weg nach Shuri zurückzukehren, um weitere Begegnungen zu vermeiden. Darin, dachte ich, liegt die Bedeutung des Karate. Meine Wangen begannen zu glühen, als ich merkte, dass allein Itosu erkannt hatte, dass ich mein Können und meine Kraft fast gegen untrainierte Männer eingesetzt hätte.

Das zweite Ereignis, das von ähnlichem Charakter war, hatte einen befriedigenderen Ausgang. Zuerst muss ich jedoch ein Wort über die Familie meiner Frau verlieren. Viele Jahre lang hatte sie mit der Süßkartoffelpflanze experimentiert, um eine verbesserte Art zu züchten.

Sie waren in bescheidenem Rahmen wohlhabend gewesen, aber mit der Meiji-Restauration von 1868 waren schwere Zeiten gekommen, und sie waren in ein kleines Bauerndorf namens Mawashi gezogen, ungefähr vier Kilometer vor Naha gelegen. Der Vater meiner Frau, ein treuer Anhänger der «Partei der Eigensinnigen», war ein wenig verschroben geworden. Wenn das Wetter gut war, kümmerte er sich um seine Felder; wenn es regnete, blieb er zu Hause und las. Das war alles, was er tat.

Meine Frau war sehr stolz auf ihn, und anlässlich eines Festtages ging sie mit den Kindern schon früher hin, um einen ausgedehnten Besuch zu machen. Spät am Nachmittag brach ich selbst zu dem Dorf auf, da mir der Gedanke, meine Frau und die Kinder in der Dunkelheit allein nach Hause laufen zu lassen, missfiel.

Die einsame Straße nach Mawashi verlief durch dichte Pinienwälder und war im schwindenden Nachmittagslicht ziemlich düster; so wurde ich beinahe überrascht, als plötzlich zwei Männer aus dem Schutz der Bäume auf die Straße sprangen, um meinen Weg zu blockieren.

Wie die anderen Möchtegern-Angreifer hatten sie ihre Gesichter hinter Tüchern versteckt. Es war sofort klar, dass sie nicht nur darauf aus waren, eine handfeste Rauferei zu provozieren.

«Also», rief einer von ihnen in höchst anmaßendem Ton, «steh nicht so herum, als ob du taubstumm wärst. Du weißt, was wir wollen. Rede! Sage ‹Guten Abend, mein Herr› und erzähle uns, was heute für ein schöner Tag ist. Vergeude nicht unsere Zeit, Kleiner, oder es wird dir leidtun. Das kann ich dir versprechen!»

Je wütender sie wurden, desto ruhiger wurde ich. Aus der Art, wie jener, der mich angesprochen hatte, seine Fäuste ballte, konnte ich schließen, dass er kein Karateka war; und der andere, der einen schweren Prügel trug, war ebenfalls ein Amateur.

«Habt ihr mich nicht», fragte ich, «mit jemandem anders verwechselt? Sicherlich ist dies eine Verwechslung. Ich glaube, wenn wir darüber reden ...»

«Ach, halt's Maul, Knirps!», knurrte der Mann mit dem Prügel. «Für was hältst du uns?»

Dabei kamen die beiden etwas näher, aber ich fühlte mich in keiner Weise eingeschüchtert. «Es scheint», sagte ich, «als ob ich gegen euch kämpfen müsste, aber ich möchte euch raten, nicht darauf zu bestehen. Ich glaube nicht, dass es euch guttun würde, weil ...»

Der zweite der beiden Männer hob nun seinen schweren Knüppel, den er bei sich trug.

«... weil», fuhr ich schnell fort, «wenn ich nicht sicher bin zu gewinnen, kämpfe ich auch nicht. Ich weiß aber, dass ich verlieren werde. Warum also kämpfen? Hat das einen Sinn?»

Bei diesen Worten schienen sich die beiden ein wenig zu beruhigen. «Gut», sagte einer von ihnen. «Du würdest sowieso keinen ordentlichen Kampf bestehen. Gib uns also dein Geld.»

«Ich habe keines», antwortete ich, wobei ich ihnen meine leeren Taschen zeigte.

«Dann etwas Tabak!»

«Ich rauche nicht.»

Alles, was ich in der Tat hatte, waren ein paar *manju*, kleine Kuchen, die ich vor dem Altar im Haus meines Schwiegervaters opfern wollte.

«Hier», sagte ich zu den Männern, «nehmt dies.»

«Was, nur Manju?» Ihr Ton war verächtlich. «Na ja, besser als nichts.»

Die Kuchen einsteckend sagte einer der Männer: «Geh besser weiter, Kleiner. Und sei vorsichtig, dieser Weg ist ein wenig gefährlich.» Damit verschwanden sie zwischen den Bäumen.

Ein paar Tage später war ich mit Azato und Itosu zusammen, und im Lauf unserer Unterhaltung erzählte ich ihnen von dem Vorfall. Als Erster lobte mich Itosu, der sagte, dass ich mit äußerstem Anstand gehandelt hätte und dass er nun sicher sei, dass die Stunden, in denen er mich im Karate unterrichtet hatte, keine verlorene Zeit gewesen waren.

«Aber», fragte Azato lächelnd, «da du nun keine Manju mehr hattest, was hast du dann auf dem Altar deines Schwiegervaters geopfert?»

«Da ich nichts anderes mehr hatte», antwortete ich, «brachte ich ein inniges Gebet dar.»

«Ah, gut, gut!», rief Azato. «Gut gemacht, wirklich! Das ist der Geist des Karate. Jetzt beginnst du zu verstehen, was es wirklich bedeutet.» Ich versuchte meinen Stolz zu unterdrücken. Obwohl die beiden Meister niemals eine einzige Kata, die ich während unserer Übungsstunden vorgeführt hatte, gelobt hatten, lobten sie mich nun, und mit dem Stolz war eine bleibende Freude in mir vermischt.

Die Gefahr des Stolzes

Eines Abends, es war kurz nach meinem dreißigsten Geburtstag, kehrte ich von Naha nach Shuri zurück. Die Straße war verlassen und wurde nach dem Tempel Sōgenji noch einsamer. Auf der linken Seite erstreckte sich ein Friedhof, und in der Nähe lag ein großer Teich, an dem in längst vergangenen Zeiten Krieger ihre Pferde getränkt hatten.

Neben dem Teich war eine Grasfläche mit einer kleinen Steinplattform in der Mitte. Hierher kamen die Jugendlichen Okinawas, um sich im Armdrücken zu messen.

An eben jenem Abend, als ich dort vorbeiging, betrieben einige junge Männer dort diesen Sport. Wie ich schon früher angemerkt habe, ist das Armdrücken in Okinawa verschieden von dem, wie es im übrigen Japan betrieben wird. Ich mochte den Sport sehr gern und (so muss ich zugeben) zweifelte nicht an meinem Können darin.

Ich blieb eine Weile stehen und sah zu. Dann rief mir plötzlich einer von ihnen zu: «Hallo, du! Komm her und versuch es, wenn du keine Angst hast!»

«Richtig», rief ein anderer. «Steh nicht nur herum und schau zu. Das ist nicht sehr höflich!»

Ich suchte wirklich keinen Streit, also sagte ich: «Bitte entschuldigt mich, aber ich muss nun gehen», und ich begann meinen Weg fortzusetzen. «Oh nein, das wirst du nicht!» Mit diesen Worten rannten zwei der Jugendlichen auf mich zu.

«Weglaufen?», spottete einer.

«Hast du denn keine Manieren?», fragte der andere.

Zusammen hatten die beiden mein Hemd gepackt und zogen mich zu der Steinplattform. Dort saß ein älterer Mann, den ich für den Schiedsrichter hielt und der wahrscheinlich der stärkste Armdrücker der Gruppe war. Zweifellos hätte ich meine Fähigkeiten anwenden und ohne Schwierigkeiten fliehen können, aber stattdessen entschied ich mich, an dem Wettkampf teilzunehmen.

Meinen ersten Kampf mit dem scheinbar Schwächsten der Gruppe gewann ich mit Leichtigkeit. Der zweite Jugendliche war ebenfalls ein leichtes Opfer. Und ebenso der dritte, der vierte und der fünfte.

Nun waren noch zwei Männer übrig, einer davon der Schiedsrichter, und beide schienen starke Gegner zu sein.

«Gut», sagte der Schiedsrichter mit einem Nicken zu dem anderen, «du bist dran. Bist du bereit zu einem Vergleich mit diesem Fremden?»

«Ich fürchte, ich bin es nicht», warf ich ein. «Ich habe genug, und ich bin sicher, ich kann sowieso nicht gewinnen. Bitte entschuldigt mich jetzt.»

Aber sie bestanden darauf. Mein nächster Gegner packte mit finsterem Blick meine Hand, und so blieb mir nichts anderes übrig, als die Herausforderung anzunehmen.

Diesen Kampf gewann ich ebenfalls nach kurzer Dauer. «Nun muss ich aber wirklich gehen», sagte ich. «Danke schön. Bitte entschuldigt mich.»

Dieses Mal wurden meine Entschuldigungen anscheinend angenommen. Als ich aber in Richtung Shuri losging, hatte ich das Gefühl, dass die Reise nicht ohne weiteren Zwischenfall verlaufen würde.

Und ich hatte Recht, denn nach kurzer Zeit hörte ich hinter mir Geräusche. Glücklicherweise hatte ich, als ich am Morgen nach Naha ging, meinen Regenschirm mitgenommen, da es geregnet hatte. Da der Regen nun vorbei war, gebrauchte ich den Schirm als Spazierstock; ich beschloss, dass er mir genauso gut als Verteidigungsmittel dienen könne, und so öffnete ich ihn schnell und hielt ihn über meinen Hinterkopf, um einen Schlag von hinten abzuwehren.

Also, ich will es kurz machen. Obwohl die Gruppe aus sieben oder acht Leuten bestanden haben muss, gelang es mir, allen Schlägen auszuweichen, die auf mich gerichtet waren, bis ich schließlich die Stimme des älteren Mannes hörte: «Wer ist dieser Bursche? Er scheint Karate zu beherrschen.»

Der Angriff ebbte ab. Die Männer standen um mich herum und starrten mich wütend an, aber weder gab es weitere Schläge noch wurde ein Versuch gemacht mich aufzuhalten, als ich weiterzugehen begann.

Während ich ging, rezitierte ich in Gedanken eines meiner Lieblingsgedichte und lauschte gleichzeitig nach irgendwelchen Geräuschen, hörte aber nichts.

Als ich Shuri erreichte, war ich von Gewissensbissen erfüllt. Warum hatte ich mich an dem Wettbewerb im Armdrücken beteiligt? War es, so fragte ich mich, nur Neugier gewesen? Aber mir wurde die wahre Antwort klar: Es war übermäßiges Vertrauen in meine Stärke gewesen. Es war, mit einem Wort, Stolz. Es war ein Verbrechen gegen den Geist des Karatedō, und ich schämte mich. Auch wenn ich jetzt, nach so vielen Jahren, diese Geschichte erzähle, fühle ich mich noch immer tief beschämt.

Freundlichkeit, nicht Mitleid

Nahe dem Haus meines Großvaters stand auf einem hohen Hügel ein dichter Wald, Bengadake genannt. Darin befand sich ein Schrein, von dem man sagte, dass er jenen, die vor ihm beteten, Glück bringe (und von denen viele sowohl aus Shuri als auch Naha kamen). Den Wald selbst konnten Reisende beim Einfahren in die Bucht von Chūjō sehen.

Eines Abends, als ich von dem Dorf Nishihara kam, hatte ich schon fast den Gipfel des Hügels erreicht, als ich einen Mann sah, der in hohem Tempo auf mich zurannte. Wäre ich nicht schnell ausgewichen, so wären wir frontal zusammengeprallt, und obwohl es bereits ganz finster war, erkannte ich aus den Bewegungen des Mannes, dass er keine Ahnung von der Kunst der Selbstverteidigung hatte.

Nachdem er in einem Zuckerrohrfeld untergetaucht war, verbargen ihn die hohen Stängel völlig vor der Sicht. Da aus dem Feld kein Laut mehr zu hören war, fürchtete ich, dass er vielleicht gestolpert und mit dem Kopf gegen einen Stein geschlagen sei und das Bewusstsein verloren habe. Obwohl ich das Feld so sorgfältig wie in der Dunkelheit möglich absuchte, fand ich keine Spur von ihm.

«Wie seltsam», dachte ich, als ich weiter talwärts auf eine kleine Mulde zuging, in der sich eine Jauchegrube der Gemeinde befand. Der Gestank war ziemlich ekelhaft, und ich wäre so schnell wie möglich weitergegangen, hätte ich nicht in der Brühe etwas schwimmen gesehen, was wie eine dunkelfarbige Melone aussah.

Das Ding war – daran konnte kein Zweifel bestehen – der Kopf eines Mannes, höchstwahrscheinlich des Mannes, der den Hügel hinuntergerannt war. Trotz des Gestanks reichte ich ihm eine Hand, um ihm aus dem Dreck herauszuhelfen. Ohne auch nur ein Wort des Dankes rannte er weiter, so schnell er konnte, den Hügel hinunter. Gerade in diesem Moment war aus der entgegengesetzten Richtung der Ton einer Trillerpfeife zu hören, und drei Figuren mit schwarzen Umhängen tauchten aus der Dunkelheit auf. Bevor ich ein Wort sagen konnte, hatten sie mich gepackt.

«Wartet», rief ich, «ihr habt den Falschen erwischt!», da soweit klar war, dass es sich bei den Dreien um Polizisten handelte. Sie stellten sich dann auch als solche vor und zogen ein Seil heraus, um mich zu fesseln.

Es dämmerte mir, dass sie hinter dem Mann her waren, der in die Jauche gefallen war. «Wartet einen Moment», wiederholte ich. «Ihr habt einen Fehler gemacht.»

«Lüg uns nicht an», sagte einer von ihnen brüsk. «Und mach uns keinen weiteren Ärger!»

Die drei schienen ganz sicher, dass ich der Mann sei, den sie gesucht hatten, aber ich leugnete weiter. Geduldig erzählte ich ihnen, dass ihr Mann vor ein paar Augenblicken in die Jauchegrube gefallen und dann, nachdem ich ihm herausgeholfen hatte, geflohen war. Sie waren zuerst ungläubig, aber nachdem ich meine Geschichte ein zweites Mal erzählt hatte, fingen sie an, mir zu glauben. Dann fragten sie mich, wie alt der Mann gewesen sei und wie er ausgesehen habe. Ich antwortete, dass bei der Dunkelheit keine verlässlichen Zeugenaussagen möglich seien, dass aber im Hinblick auf das, was geschehen war, sich keine Nase bezüglich seiner Identität irren würde.

Damit liefen wir vier den Hügel hinunter in die Richtung, die der Mann genommen hatte. Als wir am Fuß des Hügels ankamen, hörten wir einen Mann rufen, dass er jemanden gefunden habe, der mit seinem Gesicht flach am Boden liege. Es stellte sich jetzt heraus, dass eine andere Gruppe von Polizisten den gleichen Übeltäter gesucht und ihn nun mitten in einem Kartoffelfeld gefunden hatte. Er war bewusstlos oder schien es zu sein, und er stank zum Himmel. Es bestand kein Zweifel, dass er der Mann war, hinter dem alle diese Polizisten her waren.

Sie waren gerade dabei ihn zu fesseln und wegzuschleppen, als ich vorschlug, man möge ihn zuerst ein wenig säubern. «Gut, und wo?», fragte einer von ihnen mürrisch. «Bringt ihn zu meinem Haus», sagte ich. «Es liegt sowieso auf dem Weg zur Polizeistation.» Und das taten wir. Wir zogen ihm seine dreckigen Kleider aus und wuschen ihn neben meinem Brunnen, und dabei sah ich erstaunt, was ihm passiert war. Von seinem rechten Schenkel rann Blut, während sein linker Schenkel grün und blau war. Anscheinend hatte er sich verletzt, als er in die Jauchegrube gestürzt war, und der schmerzhafte Bluterguss war wohl das Ergebnis des unbeabsichtigten Trittes, den ich ihm beim Ausweichen versetzt hatte, als er den Hügel heruntergerannt kam.

Ich fühlte tiefes Mitleid mit ihm, bis die Polizisten mir erzählten, dass er ein verurteilter Krimineller mit einem langen Strafenregister sei, und dass er wegen Diebstahl, Raub und Vergewaltigung verurteilt worden war. Da schwand mein Mitleid.

Eine Vermittlung

Im nördlichen Teil der Insel Okinawa, im Bezirk Kokuryō, liegt ein Küstendorf namens Motobe, und in dessen Nähe, ebenfalls an der Küste, steht ein kleiner Weiler, bekannt als Shaka. Nun, nach der Meiji-Restauration, wurde Shaka von Landadeligen aus Okinawa bewohnt, die mit dem neuen Regime in Tōkyō unzufrieden waren, und Shaka war der Ausgangspunkt für die fast endlosen Streitereien, die Jahr für Jahr den Bezirk Kokuryō erschütterten.

Der Vorfall, von dem ich erzählen will, ereignete sich ungefähr 15 Jahre nachdem ich zu unterrichten begonnen hatte, und es handelte sich dabei um einen Streit zwischen Shaka und einem Nachbarweiler.

Die örtliche Polizei fand sich außerstande den Streit zu schlichten, den sie, da er sich nicht legte, an die Polizei von Naha weitergab. Da der Streit im Grunde politischer Natur war, wurden Mitglieder der Bezirksversammlung und selbst der Präfekturverwaltung um Hilfe gebeten.

Seltsamerweise bat man auch mich, an dem Schlichtungsausschuss teilzunehmen. Ich hatte damals wie auch noch heute keine Ahnung, warum. Ich war Mitglied der Fakultät einer kleinen Schule nahe der Bucht von Senno im Bezirk Chūto, und seit einiger Zeit schon hoffte ich an eine Schule im Zentrum Nahas versetzt zu werden, was günstiger für mein Karatetraining gewesen wäre, aber die Versetzung war nicht durchgegangen. Ich fragte mich, ob man mich wegen meiner Kenntnis des Karate so eifrig gedrängt hatte, einer der Vermittler zu werden – natürlich nicht, um den Streit in einem Kampf ohne Waffen zu schlichten, sondern weil viele der Streitenden selbst Karateschüler waren und vielleicht auf meine Anwesenheit freundlicher reagieren würden. Auf jeden Fall konnte ich nicht ablehnen, und so erbat ich von meinem Schuldirektor eine kurze Beurlaubung. Sie wurde bewilligt.

Es gab damals selbstverständlich keine Autos in Okinawa, deshalb fuhren wir eines Morgens in Pferdekutschen los. Da die Entfernung zwischen Naha und Shaka ungefähr achtzig Kilometer betrug, mussten wir, wie ich mich erinnere, zwei Mal die Pferde wechseln.

Als wir ankamen, fanden wir eine Atmosphäre von starkem Misstrauen und Feindschaft zwischen den beiden winzigen Weilern vor, eine Atmosphäre, von der wir fürchteten, sie könnte sich nur verschlechtern oder gar in einem offenen Kampf enden. Wir teilten uns auf, um mit äußerstem Feingefühl zu versuchen, die Angelegenheit unter Kontrolle zu bringen.

Dann geschah etwas sehr Seltsames. Die Einwohner beider Ortschaften trafen sich auf neutralem Boden, musterten sich gegenseitig mit wütender Miene, mit uns in der Mitte, als plötzlich aus jeder der verfeindeten Gruppen fast gleichzeitig ein Mann vortrat, um mich mit fast den gleichen Worten zu begrüßen.

«Funakoshi», so hörte ich sie sagen, «was führt Euch hierher?»

Als die anderen Unterhändler sahen, wie ich begrüßt wurde, baten sie mich, den Streit allein zu schlichten. Zweifellos dachten sie, dass ich, da ich in jedem Dorf einen Freund hatte, den Streit leicht und schnell bereinigen könnte, aber ich wusste, dass ein falsches Wort zu einer Schlägerei führen und somit einen Friedensschluss weiter erschweren würde.

Ich stimmte jedoch zu, die Sache zu übernehmen. Ich beschloss so höflich und unparteiisch wie möglich zu sein und mir sorgfältig die Argumente beider Seiten anzuhören. Dies tat ich, aber trotzdem gab es während dieses Tages und dem folgenden Augenblicke, in denen es so aussah, als ob ich von verschiedenen Gruppen wütender Dörfler angegriffen würde, erst von dem einen Weiler, dann von dem anderen. Ich behielt jedoch meinen Kopf und meine Geduld und tat nichts Überstürztes, und so spitzte sich die Lage zu keiner Gewalttat zu. Schließlich schlug ich, nachdem ich zwei Tage lang zugehört hatte, eine Kompromisslösung vor, die sich als für beide Seiten annehmbar herausstellte.

Nachdem so Frieden geschlossen war, wurde in der Volksschule von Shaka aus diesem Anlass eine Feier veranstaltet. Danach kletterten die Vermittler wieder in ihre Kutschen und kehrten nach Naha zurück.

Einen Monat später wurde ich in die Kultusabteilung der Präfekturregierung von Okinawa beordert, wo mir mitgeteilt wurde, dass ich an eine Schule im Zentrum Nahas befördert worden sei. Was ich mir so sehnlich gewünscht hatte, war Wirklichkeit geworden, und ich konnte dies nur meinem Karatetraining zuschreiben, das sich als so nützlich bei meinen Vermittlungsversuchen erwiesen hatte.

Ein demütiger Mann

Als ich noch Assistent an der Schule von Naha war, hatte ich zweimal täglich einen Fußweg von vier Kilometern, da meine Frau und ich zu dieser Zeit bei ihren Eltern in Shuri lebten. Eines Tages fand eine Lehrerversammlung statt, die ziemlich lange dauerte, sodass es schon spät war, als ich nach Hause ging, und außerdem begann es zu regnen. Ich beschloss, ein Mal extravagant zu sein und mir ein Jinriksha zu mieten.

Um die Zeit zu verkürzen, begann ich eine Unterhaltung mit dem Jinriksha-Mann und stellte zu meiner Überraschung fest, dass er außerordentlich kurze Antworten auf meine Fragen gab. Normalerweise sind Jinriksha-Männer geschwätzig wie Frisöre. Außerdem war seine Stimme sehr höflich, und seine Sprache war die eines wohlgebildeten Mannes.

Zu jener Zeit gab es in Okinawa zwei Arten von Jinriksha: *hiruguruma* («Tag-Wagen») und *yoruguruma* («Nacht-Wagen»), und ich wusste recht gut, dass einige der Nacht-Jinriksha-Männer verarmte Landedelleute waren.

Konnte dieser Mann, fragte ich mich, der mich nach Shuri zog, jemand sein, den ich kannte? Wenn ja, so wären die Regeln des Anstands verletzt. Also blieb die Frage, wie ich das herausfinden konnte, aber dies war nicht so leicht, da der Mann einen breitkrempigen Hut trug, mit dem es ihm gelang, sein Gesicht vor mir verborgen zu halten.

Daher entwickelte ich eine Kriegslist, die mir helfen sollte, ihn zu erkennen. Ich bat ihn einen Moment anzuhalten, da ich ein naturgegebenes Bedürfnis befriedigen müsse. Als er die Holme ablegte, hatte ich den Eindruck, dass dies kein normaler Jinriksha-Mann war, aber als ich beim Aussteigen einen Blick auf sein Gesicht werfen wollte, drehte er schnell seinen Kopf zur Seite. Jedoch lag etwas Vertrautes in der Haltung seines großen, schlanken Körpers.

Der Regen hatte zu diesem Zeitpunkt aufgehört, und ein bleicher Mond war aus den Wolken hervorgetreten. Nachdem ich mich erleichtert hatte, kehrte ich zu dem Wagen zurück und versuchte abermals, das Gesicht des Mannes zu erkennen, was dieser aber wiederum vereitelte. Von meinem eigenen Unvermögen verärgert, verfiel ich auf einen anderen Plan, von dem ich überzeugt war, dass er funktionieren würde. «Wir sind schon ziemlich vorangekommen, und Ihr müsst müde sein», sagte ich. «Es ist ein angenehmer Abend; warum laufen wir nicht ein Stück des Weges gemeinsam?»

Der Mann stimmte zu, aber auch hier war ich erfolglos, da er sich weigerte, neben mir zu gehen. Er war immer einen oder zwei Schritte hinter mir. Plötzlich an einer Wegkurve drehte ich mich um und packte einen Holm des Riksha und versuchte gleichzeitig seine Gesichtszüge zu erkennen. So schnell ich aber war, der Mann war noch schneller und zog seinen Hut tief in sein Gesicht hinein. So schnell war seine Reaktion, dass ich nun fest davon überzeugt war, er könne kein normaler Jinriksha-Mann sein.

Tatsächlich war ich mir sicher zu wissen, wer er war. Ich nahm meinen Hut ab und sagte: «Entschuldigt die Frage, aber seid Ihr nicht Herr Su'eyoshi?»

Obwohl er überrascht war, antwortete er bestimmt: «Ich bin es nicht.» So standen wir für einen Augenblick wie auf einem Gemälde, ich hielt weiter das Jinriksha, er starrte auf den Boden, sein Gesicht unter dem breiten Hut verborgen.

Dann traf er plötzlich eine Entscheidung, nahm seinen Hut ab und fiel auf die Knie. Ich sah, dass ich mich nicht geirrt hatte. Es war wirklich Su'eyoshi.

Ich fasste seine Hand, um ihm aufzuhelfen, und kniete dann selbst nieder, als ich ihm meinen Namen sagte und mich für meine impertinente Neugier entschuldigte. Er stammte, wie ich wohl wusste, aus einer Familie der Oberschicht, die von Kriegern abstammte, und er war im Karatedō ranghöher als ich. Außerdem war er ein bekannter Fachmann in der Kunst des Stockkampfes und gründete später seine eigene *bōjitsu*-Schule.

Es gab nun natürlich keine Frage mehr darüber, ob er den Wagen mit mir darin ziehen sollte oder nicht. Seite an Seite gingen wir nach Shuri und hatten eine sehr angeregte Unterhaltung über Karate und die Kunst des Stockkampfs.

Dann, offensichtlich beunruhigt, weil ich seine Identität herausgefunden hatte, bat er mich, niemandem zu verraten, dass er als Jinriksha-Mann arbeitete. Er habe, so erzählte er mir, eine kranke, bettlägerige Frau, und um sie und sich durchzubringen und ihr die nötige Medizin kaufen zu können, arbeitete er tagsüber als Bauer und zog nachts ein Jinriksha. Hätte er Ruhm und Wohlstand65gesucht, er hätte dies sicher erreicht, möglicherweise aber zu dem Preis, Arbeit anzunehmen, die er unter seiner Würde hielt. Darin war er, wie das Sprichwort sagt, «jeder Zoll ein Samurai». Und die geschickte Art, wie er das Jinriksha handhabte, zeigte seine Erfahrung in den Kampfkünsten. Obwohl er starb, bald nachdem ich nach Tōkyō gegangen war, habe ich niemals jenen Abend vergessen, den ich in seiner Gesellschaft verbracht hatte. Für mich repräsentierte er immer die perfekte Verkörperung des Samurai-Geistes.

Der Geist des Spiels

Das Tauziehen, ein populärer Sport auf unserer Insel, ist normaler Bestandteil unserer vielen Feste. Unser Tauziehen ist ganz verschieden von dem, wie es in anderen Präfekturen betrieben wird. Zum einen ist es weitaus dynamischer, wie jeder bezeugen wird, der jemals ein Tauziehen auf Okinawa gesehen hat. Und es ist wirklich, wie ich meinen Lesern versichern kann, kein Sport für Kinder.

Zwei Längen eines Seils werden so miteinander verbunden, dass sie ein sehr langes Seil bilden, das fast so dick ist wie der Stamm eines großen Baumes. Jedes Seil hat an einem Ende eine große Schlinge, und nachdem eine Schlinge durch die andere gesteckt ist, verwendet man einen schweren Eichenast, um die beiden Teile miteinander zu verbinden. An dem Hauptseil hängen mehrere kleine Seile, die ihm das Aussehen eines Hundertfüßlers verleihen; diese kleineren Teile heißen *mezuna* («weibliche Seile»). Es ist Aufgabe des Schiedsrichters, den Eichenast durch die Schlinge zu stecken. Obwohl diese Aufgabe oft recht gefährlich ist, kann man sie sich nicht aus der Art des Tauziehens in Okinawa wegdenken.

Das Spiel beginnt, wenn der Schiedsrichter auf die Füße der beiden Männer der gegnerischen Mannschaften stampft, die der Mitte des Seiles am nächsten sind. Dann packen alle Gegenspieler die kleineren Seile und beginnen zu ziehen, wobei sie von Trommeln und Gongs begleitet werden. Gruppen von Anhängern schwingen Banner mit dem Namen ihrer Mannschaft und treiben sie an, indem sie so viel Lärm wie möglich machen.

Obwohl es ein Spiel und ein Sport ist, ist es doch auch eine Imitation des Krieges, und manchmal (wenn die Entscheidung des

Schiedsrichters angezweifelt wird) entstehen richtige Schlägereien. Mancher Einwohner Okinawas wurde schon in den Faustkämpfen verletzt, die gar so regelmäßig einem Tauziehen folgen. Deshalb muss der Schiedsrichter ein von beiden Seiten anerkannter Mann sein; er muss auch ein Mann sein, der sowohl als Schiedsrichter bei dem Sport dienen kann als auch als Vermittler in dem Kampf, der vielleicht folgt.

In der alten Königsstadt Shuri war das Tauziehen schon seit Jahrhunderten ein beliebter Sport gewesen. Dann wurde mit der Meiji-Restauration Naha die Hauptstadt Okinawas und überflügelte bald seine ältere Schwester. Während meiner Jahre als Schullehrer in Naha wurde ich oft gebeten, bei einem Tauziehen als Schiedsrichter zu fungieren, und ich bin froh, berichten zu können, dass sich niemals ein Wettkampf, der unter meiner Aufsicht stand, zu einer blutigen Schlacht entwickelte.

Die Lehre, die ich aus dem Beobachten dieser Wettkämpfe zog, war, dass dasjenige Team, das nur entschlossen war zu gewinnen, dies gewöhnlich nicht schaffte, während dasjenige, das sich nur aus Spaß am Sport an dem Wettkampf beteiligte und sich dabei wenig Gedanken über Sieg und Niederlage machte, regelmäßig siegreich ausging. Diese Beobachtung trifft genauso für Karate zu.

Karate rettet mein Leben

Eine andere Geschichte, die ich erzählen möchte, ereignete sich im Hafen von Naha, dem bedeutendsten in der Präfektur Okinawa. Unglücklicherweise war er so seicht, dass große Schiffe nicht bis an die Pier heranfahren konnten. Sie mussten in der Mitte des Hafens ankern, und Passagiere, die an Bord wollten, mussten mit kleineren Booten hin und her gefahren werden.

Der Tag, an dem ich Okinawa verließ, um nach Tōkyō zu fahren, war ziemlich windig, und die Wellen gingen hoch. Zusammen mit einer Gruppe anderer Passagiere bestieg ich ein kleines Boot, um zu einem Passagierdampfer gebracht zu werden, der in die Hauptstadt fuhr. Als wir ankamen, war die See momentan ruhig, und mehrere Passagiere konnten leicht von dem kleineren Boot auf die Gangway steigen, die auf das Deck des größeren Schiffes führte.

Als ich an der Reihe war, aus dem schlingernden Boot zu steigen, kam jedoch plötzlich eine große Welle, und so wartete ich natürlich, bis sich die See wieder beruhigt haben würde. Als dies so weit war, setzte ich meinen Fuß auf die Gangway, aber genau in diesem Augenblick kam eine andere riesige Welle heran, und das Fährboot begann wild zu stampfen.

Und da stand ich nun, mit einem Fuß auf der Gangway, mit dem anderen noch auf der Fähre, und mit zwei schweren, klobigen Aktentaschen in den Händen. Unter mir die tobende See.

Was die Sache noch verschlimmerte, war – so muss ich zugeben –, dass ich, obwohl ich ein Inselbewohner bin, niemals schwimmen gelernt hatte, da ich in der Feste von Shuri aufwuchs und selten Ausflüge an die Küste Okinawas machte.

Als ich da breitbeinig über der tosenden See stand, hörte ich die Besatzung des größeren Schiffes Anweisungen zu mir herunterrufen, aber die Instruktionen drangen, einfach ausgedrückt, nicht zu mir durch. Ohne nachzudenken, schob ich die Aktentasche, die ich in meiner linken Hand trug, in meine rechte und warf gleichzeitig die schwere Tasche in meiner Rechten auf die Gangway. Der Schwung trug auch mich selbst in die Sicherheit des Aufgangs. Hätte ich auch nur einen Moment gezögert, wäre ich sicherlich ins Meer gestürzt und vielleicht ertrunken. Und hätte man mich gerettet, so wäre es mit einem Bauch voller Salzwasser gewesen. Als ich die Gangway hinaufstieg, murmelte ich ein Dankeswort an Karatedō für meine knappe Rettung.

Einige Jahre später, als ich zu Besuch in Okinawa weilte, machte ich selbstverständlich einen Anstandsbesuch bei Meister Azato. «Willkommen zu Hause!», rief er. «Aber wirklich! Wie wir damals erschrocken sind!» Er, zusammen mit seiner Familie, war zur Pier gekommen, um mich zu verabschieden, und nun erzählten sie mir, wie erschrocken sie gewesen waren bei dem Gedanken, was hätte passieren können. «Wie wir deine Schnelligkeit und dein Können bewunderten», fügte er hinzu. «Und wie erleichtert wir waren …!»

Selbstverständlich ist es nicht nur Karate allein, das einen Menschen so weit trainiert, dass er zu außergewöhnlichen Leistungen solcher Art fähig ist; die anderen Kampfkünste sind ebenso nützlich. Jūdō-Experten lernen zum Beispiel Stürze so zu überstehen, dass sie sich ohne Verletzungen wieder erheben können; diese Fähigkeit schreiben sie alle ihrem Jūdō-Training zu. So bleibt festzuhalten, dass die tägliche Übung in jedweder der Kampfkünste von unschätzbarem Wert in einem Notfall sein kann.

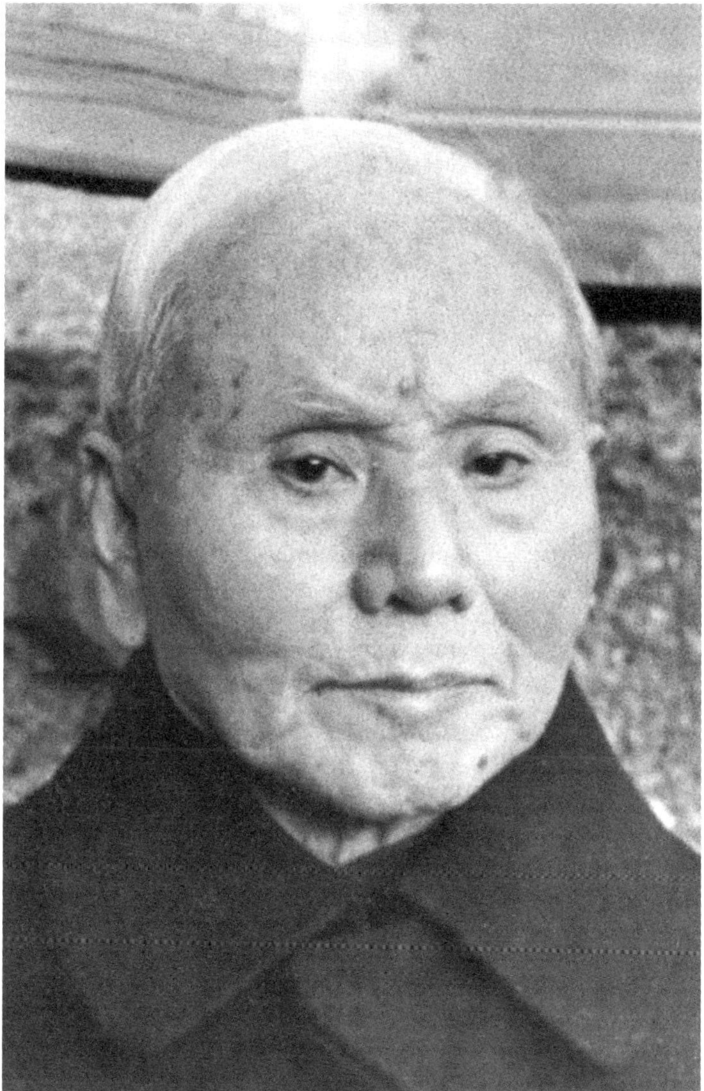

Funakoshi Gichin, Karate-Meister und Kenner der chinesischen Klassiker, wurde 1868 in Shuri auf Okinawa geboren und starb 1957 in Tokyō.

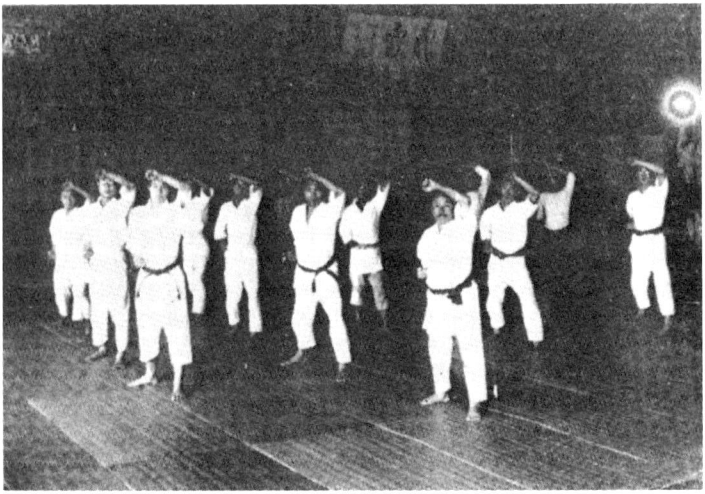

Im Dōjō der Keiō-Universiät (um 1930): Meister Funakoshi und seine Schüler beim Üben der Kata *Heian Nidan*.

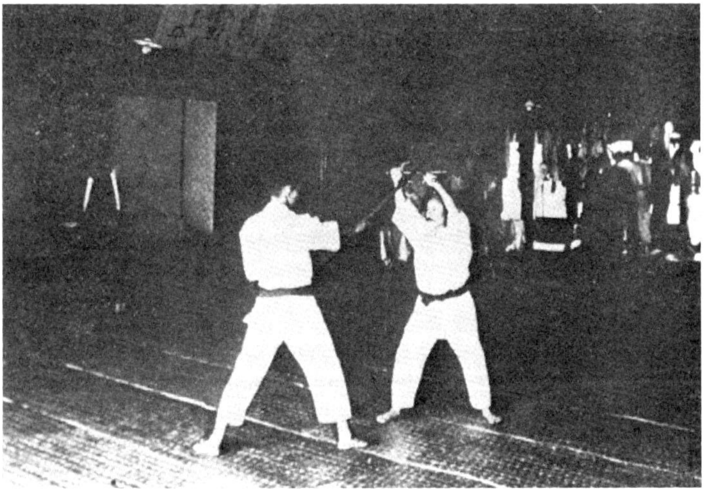

Meister Funakoshi bei der Abwehr eines Stockangriffs mit der okinawanischen Waffe *sai* (um 1930).

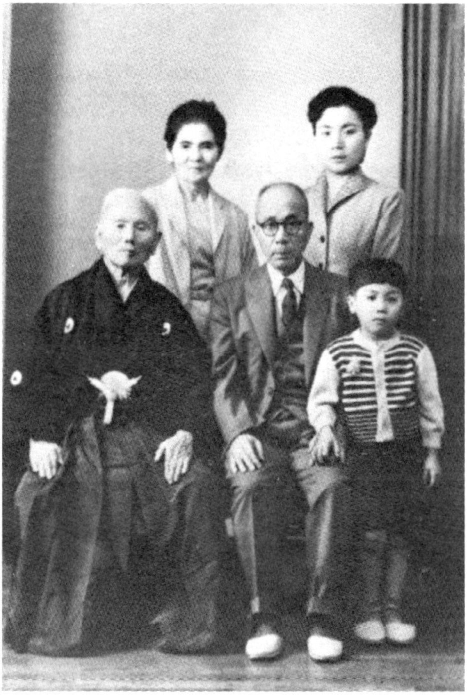

Funakoshi Gichin mit seiner Tochter, seiem Schwiegersohn und zwei Enkeln.

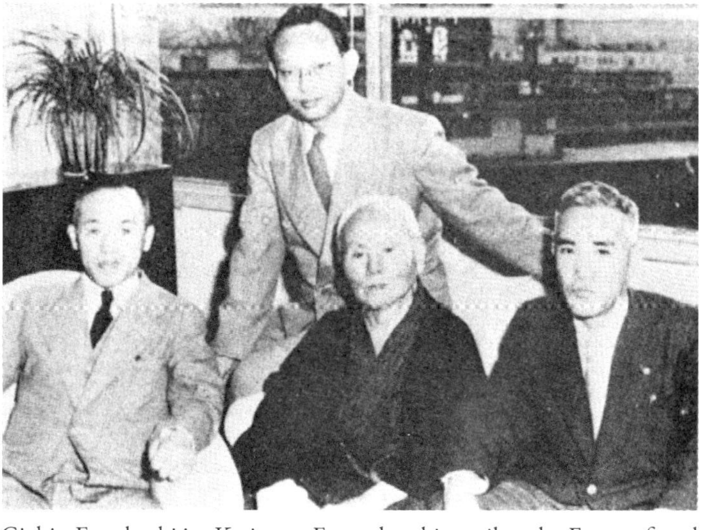

Gichin Funakoshi im Kreis von Freunden; hinter ihm der Fotograf und Autor Togawa Yukio.

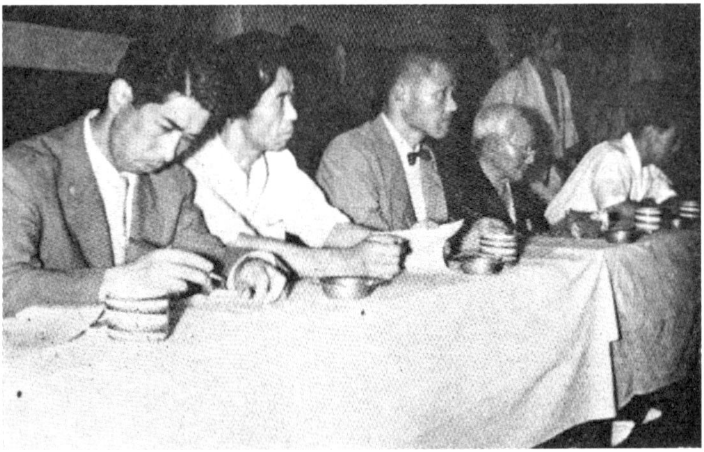

Gichin Funakoshi und rechts von ihm Genshin Hironishi sowie Shigeru Egami, Nachfolger Funakoshis als Cheftrainer des Shōtōkai beim Überprüfen des Könnens der Schüler anhand ihrer Kata-Vorführung.

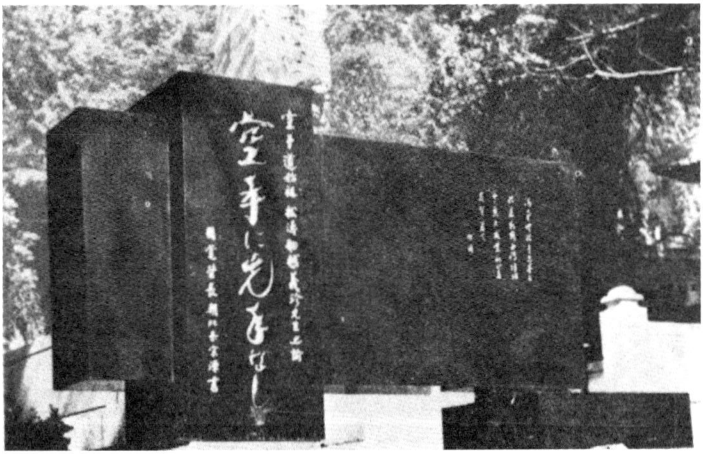

Gedenkstein für Meister Funakoshi im Zen-Tempel Engakuji, Kamakura (1968). Rechts eine Kalligrafie von Funakoshi, die Kalligrafie links stammt vom Abt des Tempels, Asahina Sōgen, und lau-tet: *Karate ni sente nashi* («Im Karate gibt es keinen präventiven Angriff»).

Schwere Zeiten

Es war, wie ich mich erinnere, gegen Ende des Jahres 1921, als das Kultusministerium ankündigte, im folgenden Jahr solle eine Vorführung alter japanischer Kampfkünste in der höheren Mädchenschule in Ochanomizu, Tōkyō, stattfinden. Die Präfektur Okinawa wurde zur Teilnahme eingeladen, und das Erziehungsministerium bat mich, unser einheimisches Karate in der Hauptstadt vorzustellen. Ich stimmte sofort zu und begann Pläne zu schmieden.

Da Karate damals außerhalb Okinawas wenig bekannt war und die Leute, denen es vorgestellt werden sollte, wenig oder gar keine Ahnung davon hatten, entschied ich, dass etwas Dramatisches zur Einführung nötig wäre. Was ich also tat, war, Fotografien von verschiedenen Stellungen, Kata sowie Arm- und Fußbewegungen zu machen und diese auf drei langen Schriftrollen zu arrangieren. Diese nahm ich mit in die Hauptstadt.

Die gesamte Veranstaltung wurde ein großer Erfolg, und ich glaube, besonders auch meine Einführung in die Kunst des okinawanischen Karate.

Ich hatte eigentlich geplant, gleich nach der Vorführung auf meine Heimatinsel zurückzukehren, verzögerte jedoch meine Abreise, als mich Jigorō Kanō, Präsident der Kōdōkan-Jūdō-Schule, bat, einen kurzen Vortrag über die Kunst des Karate zu halten. Ich zögerte zuerst, da ich glaubte, selbst nicht genügend darüber zu wissen, aber da Kanō so drängte, stimmte ich zu, ihm einige Kata vorzuführen.

Der Ort war das Kōdōkan selbst, und ich nahm an, dass nur eine kleinere Gruppe, bestehend aus der höheren Lehrerschaft des Hauses, bei der Vorführung zugegen sein würde. Zu meiner beträchtlichen Überraschung warteten über hundert Zuschauer, als ich kam.

Als meinen Partner wählte ich Shinkin Gima, der damals in der Tōkyō Shōka Daigaku studierte. Gima war ein erstklassiger Karateka, der intensiv trainiert hatte, bevor er Okinawa verließ. Tief beeindruckt fragte Kanō mich, wie lange man brauche, um die Kata zu meistern, die wir vorgeführt hatten.

«Mindestens ein Jahr», antwortete ich.

«Ah, das ist zu lang», sagte er. «Könntet Ihr mir nicht ein paar einfachere beibringen?»

Als Schullehrer aus der Provinz fühlte ich mich tief geehrt durch die Anfrage eines großen Jūdō-Meisters wie Jigorō Kanō und stimmte deshalb selbstverständlich zu.

Einige Zeit später bereitete ich gerade wieder meine Rückkehr nach Okinawa vor, als ich eines Morgens zu dem Maler Kosugi Hōan gerufen wurde. Er erzählte mir, dass er vor einiger Zeit Okinawa auf einer Zeichenreise besucht hatte und dabei von Karate tief beeindruckt gewesen sei und es lernen wolle, aber in Tōkyō weder einen Lehrer noch Bücher mit Anweisungen finden könne. Könnte ich nicht, so bat er mich, ein wenig länger in Tōkyō bleiben und ihn persönlich unterrichten?

So verschob ich meine Abreise erneut und begann die Mitglieder einer Malervereinigung, die sich Tabata Popular Club nannte und deren Präsident Kosugi Hōan war, zu unterrichten.

Nach einer Reihe von Lehrstunden dämmerte es mir plötzlich: Wenn ich wollte, dass alle Japaner Karatedō kennen lernen, so war ich der richtige Mann für diese Aufgabe und Tōkyō der richtige Ort, um damit zu beginnen. So schrieb ich an Azato und Itosu, um sie von meinen Plänen zu unterrichten, und beide Meister antworteten mir mit Briefen, in denen sie mich ermutigten und mich gleichzeitig vor den Schwierigkeiten warnten.

Darin behielten sie, wie sich herausstellte, mehr als Recht. Ich zog in das Meiseijuku um, einen Schlafsaal für Studenten aus Okinawa im Tōkyōter Bezirk Suidōbata, wo mir erlaubt wurde, die Lehrhalle des Heimes als mein zeitweiliges Dōjō zu nutzen, wenn sie nicht von den Studenten benötigt wurde.

Darüber hinaus war Geld ein Hauptproblem: Ich selbst hatte keines, meine Familie in Okinawa konnte mir ebenfalls nichts schicken, und ich konnte damals keine Sponsoren finden, da Karate noch fast völlig unbekannt war.

Um den winzigen Raum zu bezahlen, in dem ich schlief, nahm ich alle möglichen Beschäftigungen an, die im Heim anfielen: Wächter, Hausmeister, Gärtner, sogar Putzfrau. Damals hatte ich sehr wenige Schüler, und so waren die Gelder, die ich erhielt, nicht genug, um zum Leben auszureichen. Um das Problem der Nahrungsbeschaffung zu lösen, überzeugte ich den Koch des Heimes, Karateunterricht zu nehmen und mir zum Ausgleich einen Preisnachlass auf die monatlichen Essensrechnungen zu gewähren.

Es war ein schwieriges Leben, aber wenn ich heute nach all den Jahren daran zurückdenke, muss ich feststellen, dass es auch ein gutes war.

Und es gab auch schöne Augenblicke. In jenen Tagen waren Interviews in Zeitungen und Illustrierten selten, aber eines Tages erschien ein Zeitungsreporter im Heim. Als er auftauchte, kehrte ich gerade den Gartenweg, und er hielt mich offensichtlich für einen Diener.

«Wo kann ich Herrn Funakoshi, den Karatelehrer, finden?»

«Einen Moment, mein Herr», antwortete ich und eilte davon. Ich lief schnell in mein Zimmer, zog meinen formellen Kimono an und ging dann wieder in den Flur hinunter, wo der Reporter wartete. «Guten Tag», sagte ich. «Ich bin Funakoshi.»

Ich werde niemals den Ausdruck des Erstaunens auf seinem Gesicht vergessen, als er erkannte, dass der Gärtner und der Karatelehrer ein und derselbe waren.

Ein anderes Mal wurde ich von einem der höheren Diener aus dem Haus des Barons Yasuo Matsudaira gerufen, das gleich neben unserem Heim lag. Die Matsudaira waren natürlich eine wichtige Familie, und der Baron und seine Frau waren Prinzessin Chichibus Pflegeeltern.

«Ich bin gekommen», sagte der Diener, «um dem älteren Mann zu danken, der jeden Morgen den Platz vor unserem Tor fegt. Mein

Herr schickt dieses kleine Dankgeschenk.» Damit übergab er mir eine Schachtel Süßigkeiten.

Der Epilog zu dieser Geschichte ereignete sich einige Jahre später, als derselbe Diener kam, um sich dafür zu entschuldigen, mich den «älteren Mann, der den Boden fegt» genannt zu haben. «Damals wussten wir natürlich nicht, dass Ihr der bekannte Karate-Fachmann Funakoshi Gichin seid», fügte er hinzu.

Nun, die Böden des Heimes erforderten viel Aufmerksamkeit, da oft Kinder dorthin zum Spielen kamen. Nach einer arbeitsreichen Stunde des Aufräumens tadelte ich sie manchmal und sagte ihnen, dass es in Ordnung sei, wenn sie im Garten spielten, dass es aber keinesfalls in Ordnung sei, wenn sie den Boden schmutzig machten.

Eines Tages nannte mich einer von ihnen, ein scharfzüngiger kleiner Teufel, *Karasu-uri* («Schlangenkürbis»), und dann stimmte der ganze Haufen mit in den Chor ein. Das erschien mir alles sehr merkwürdig, und ich konnte mir nicht vorstellen, wie man mich mit einem Schlangenkürbis vergleichen konnte, bis ich abends in den Spiegel schaute und in Lachen ausbrach, als ich die Ähnlichkeit sah. Obwohl ich keinen Alkohol trinke, ist meine Gesichtsfarbe ziemlich gerötet, und da meine Haut extrem glatt ist, konnte ich verstehen, dass ich für diesen kleinen Jungen wie ein Kürbis ausgesehen hatte, der grell orange wird, wenn er reif ist.

So war ich also für meine Schüler der Karate-Experte, für den Matsudaira-Haushalt ein alter Straßenkehrer, während ich für den Haufen Kinder, der im Garten spielte, ein Schlangenkürbis war. Ich fand all dies sehr amüsant; was aber weniger amüsant war, waren die Tage der Armut, wenn ich nicht genügend Geld zusammenkratzen konnte, um die lebensnotwendigen Dinge zu kaufen.

Eines Tages stellte ich fest, dass ich etwas verpfänden müsste, aber die Frage war, was. Ich besaß kaum etwas, was man hätte beleihen können. Schließlich fand ich einen alten Hut, den ich in Okinawa getragen hatte, und ein handgewebtes Kimono. Dies wickelte ich sorgfältig ein und ging zu einem weiter entfernten Pfandhaus, da keiner meiner Schüler im Heim davon erfahren sollte.

In der Tat schämte ich mich, dem Angestellten im Pfandhaus diese beiden Gegenstände auch nur zu zeigen, die beide alt und abgetragen waren und, wie ich befürchtete, völlig wertlos. Aber der Angestellte trug beides in ein Hinterzimmer, wo ich zwei Männer (ich denke, der andere war wohl der Besitzer des Ladens) flüstern hörte. Nach ein paar Augenblicken kam der Angestellte zurück und übergab mir eine überraschend große Summe Geldes.

Ich war sehr verwundert, bis ich später herausfand, dass der jüngere Bruder des Angestellten einer meiner Karateschüler war. Wenn ich heute an diese Jahre zurückdenke, so fallen mir eine Reihe von freundlichen Gönnern ein, unter ihnen auch Kosugi Hōan und die anderen Mitglieder des Tabata Popular Club, und allen gegenüber fühle ich mich zu tiefem Dank verpflichtet.

Öffentliches Interesse

Mit der Zeit begann sich meine Situation zu verbessern. Zum einen unterrichtete ich nun eine immer größere Zahl von Schülern. Viele waren Angestellte, die nach ihrer täglichen Arbeit in mein Dōjō kamen, um ein paar Stunden zu üben. Eifrig darum bemüht, ihre Kenntnis des Karatedō zu verbessern und ihr Können zu perfektionieren, waren sie hoch motiviert, und es ist größtenteils ihnen zu verdanken, dass die Kunst in allen Bereichen des Lebens immer bekannter wurde.

Sogar die Universitäten, mit der Keiō an der Spitze, begannen sich für Karate zu interessieren. Eines Tages kam Prof. Shinyō Kasuya von der Fakultät für Deutsche Sprache und Literatur mit einigen anderen Mitgliedern dieses Instituts und mehreren Studenten, die Karate lernen wollten, in mein Dōjō. Kurz darauf gründete die Universität eine Karate-Studiengruppe, die sowohl aus Mitgliedern der Fakultät als auch aus Studenten bestand: Dies war die erste Gruppe solcher Art, die jemals an einer Universität von Tōkyō eingerichtet wurde.

So machte ich nun, zusätzlich zum Unterricht in meinem eigenen Dōjō, regelmäßig Besuche auf dem Campus der Keiō-Universität, um Unterricht in dieser Kunst zu erteilen. Bald baten auch Studenten einer anderen Universität, Takushoku, die nicht weit vom Heim lag, um Unterricht.

An einem dieser immer arbeitsreicheren Tage erschien ein prächtig gekleideter Mann in meinem Heim, der einen Jungen in Studentenuniform begleitete. Ich wurde gebeten, eine kurze Karatevorführung zu geben, nach der der Junge begeistert erklärte, er wolle die Kunst studieren. Es stellte sich heraus, dass er Kichinosuke Saigō war, der nach dem Zweiten Weltkrieg ins Repräsentantenhaus gewählt wurde.

Wie ich mich erinnere, war der junge Herr damals Student an der Adeligen-Schule. Dies hielt ihn nicht davon ab, in die Pension Tōgōkan einzuziehen, die nahe meinem Dōjō lag, weil er entschlossen war, so viel Zeit wie möglich auf das Studium des Karate zu verwenden. Als ich dem Besitzer des Tōgōkan erzählte, dass er einen aristokratischen Mieter habe, war er sehr überrascht und arrangierte es bald, dass der junge Herr in eine andere Pension in Myōgadani ziehen konnte, da er diese für angemessener und sauberer für den Sohn eines Edlen hielt. Von diesem zweiten Heim aus besuchte der Junge mehrere Jahre lang täglich die Adeligen-Schule und danach mein Dōjō.

Nach dem von den Universitäten Keiō und Takushoku gezeigten Interesse schien die Zahl meiner Schüler aus den anderen Schulen Tōkyōs sprunghaft anzusteigen. Ich erinnere mich unter anderem an junge Männer der Waseda- und Hōsei-Universität sowie der Japanischen Medizinischen Hochschule, der Ersten Oberschule, der Kaiserlichen Universität von Tōkyō, der Wirtschaftshochschule und der Landwirtschaftshochschule von Tōkyō. Auch wurden zu jener Zeit von einer Reihe höherer Bildungseinrichtungen Karatelehrgänge veranstaltet. Einer wurde auch an der Hochschule für Körperkultur von Nikaidō eingerichtet, und ich wurde eingeladen, sowohl an der Militär- als auch an der Marineakademie Unterricht zu erteilen. Und ich war, wie ich hinzufügen möchte, außerordentlich erfreut über Besuche mancher Eltern, deren Söhne bei mir Karate studiert hatten. Sie kamen, um mir für den Unterricht zu danken, durch den ihre Söhne stark und gesund geworden waren.

Jetzt hatte ich selbstverständlich wenig Zeit, Zimmer und Gärten zu fegen, noch hatte ich dies unbedingt nötig. Und dann kam auch eines Tages der Besitzer des Pfandladens, der seinerzeit so großzügig gewesen war, um mich zu besuchen, und als er ging, sagte er beruhigt: «Es ist so lange her, dass Ihr in meinen Laden kamt. Ich fürchtete, Ihr könntet krank sein. Ich bin erleichtert, Euch so gesund und munter zu sehen!»

Während dieser ganzen Zeit war meine Frau noch in Okinawa, obwohl mein ältester Sohn bereits vor mir nach Tōkyō gegangen war und meine beiden jüngeren Söhne mir bald nach meiner Ankunft folgten. Ich hatte beschlossen, nicht nach Okinawa zurückzukehren, bis meine Mission beendet wäre, und trotz aller Schwierigkeiten war ich zuversichtlich, meine Familie auch in Tōkyō ernähren zu können. Aber dies sollte nicht so sein. Als ich meiner Frau schrieb, sie solle zu mir kommen, lehnte sie mit Bestimmtheit ab.

In der Religion Okinawas ist die Ahnenverehrung ein sehr wichtiges Element, und meine Frau, als ergebene Buddhistin, fand keinen Gefallen an der Idee, das Grab unserer Ahnen an einen unbekannten Ort zu verlegen. In ihrer Antwort auf meine Bitte schrieb sie, dass es ihre Pflicht sei, in Okinawa zu bleiben, um ihren religiösen Aufgaben nachzukommen. Ich, so schrieb sie, solle meine Aufmerksamkeit auf meine Arbeit konzentrieren. Da ich einsah, dass es keinen Weg gab, ihre Meinung zu ändern, stimmte ich zu, obwohl ich wusste, dass dies viele Jahre der Trennung bedeuten würde.

Mein erstes Buch

Nicht lange, nachdem ich in Tōkyō angekommen war, bat mich Kosugi Hōan, ein Fachbuch über Karatedō zu schreiben. Dies würde, wie ich wohl wusste, keine leichte Aufgabe sein, da, wie ich bereits bemerkte, weder in Tōkyō noch selbst in Okinawa schriftliches Material über Karate existierte. So begann ich den Meistern Azato und Itosu wie auch anderen Freunden und Kollegen in Okinawa zu schreiben und sie zu bitten, mir alle zur Verfügung stehenden Informationen und Ideen über die Kunst des Karatedō zu senden. Aber natürlich musste ich mich, als ich letztlich das Buch schrieb, fast völlig auf meine eigenen Erfahrungen aus jenen Tagen stützen, da ich selbst die Kunst in Okinawa studiert und geübt hatte.

Das Buch, das 1922 bei Bukyōsha herausgegeben wurde, hieß *Ryūkyū-Kenpō: Karate*, und um es vorzustellen, hatte ich die Ehre, eine Anzahl kurzer Vorworte von wichtigen Persönlichkeiten voranstellen zu dürfen. Darunter kann ich die Namen von Baron Hisamasa, früher Gouverneur von Okinawa, Admiral Rokurō Yashiro, Vizeadmiral Chōsei Ogasawara, Graf Shinpei Goto, Generalleutnant Chiyomatsu Oka, Konteradmiral Norikazu Kanna, Professor Norihiro To'onno und Bakumonto Su'eyoshi von der Okinawa Times erwähnen.

Wenn ich das Buch heute wieder lese, fühle ich mich ziemlich beschämt über die amateurhafte Qualität des Geschriebenen. Jedoch habe ich auf dieses Buch meine ganze Arbeitskraft verwendet, und so ist es für mich unter meinen verschiedenen Publikationen eines der liebsten. Es wurde von Kosugi Hōan selbst wundervoll ausgestattet.

Die fünf Kapitel waren: «Was ist Karate?», «Der Wert des Karate», «Karate üben und lehren», «Der Aufbau des Karate» und «Grundlagen und Kata». In einem Anhang zu dem Buch sprach ich über die Vorsichtsmaßnahmen, die ein Karateka beim Üben der Kunst beachten sollte. Um dem Leser einen Einblick zu gewähren, wie ich damals über Karate dachte, möchte ich hier die kurze Einführung wiederholen, die ich für dieses Erste meiner Bücher schrieb:

«Tief im Schatten der menschlichen Kultur liegen Samen der Zerstörung verborgen, so wie auf schönes Wetter Regen und Donner folgen. Die Geschichte ist eine Folge von Aufstieg und Fall von

Nationen. Wandel ist die Grundlage des Himmels und der Erde; Schwert und Schreibfeder sind untrennbar miteinander verbunden wie die zwei Räder eines Karrens. Deshalb muss ein Mann beides beherrschen, wenn er als gebildet gelten will. Ist er zu gleichgültig, darauf vertrauend, dass das freundliche Wetter ewig währt, so wird er eines Tages von fürchterlichen Fluten und Stürmen überrascht werden. So ist es für jeden von uns lebensnotwendig, sich jeden Tag auf einen unerwarteten Notfall vorzubereiten.

Sich in friedlichen Zeiten an Tage der Unruhe zu erinnern und andauernd seinen Körper zu trainieren, bildet den Leitgedanken und den Charakter des japanischen Volkes.

Heute genießen wir den Frieden, und unser Land macht auf jedem Gebiet große Fortschritte. Schwerter und Lanzen sind im Moment nutzlos und in unseren Schränken aufbewahrt. Aber nun wird die subtile Form der Selbstverteidigung, die Karate genannt wird, immer populärer, und die Menschen fragen mich immer wieder, ob es kein gutes Lehrbuch darüber gibt. Sogar begeisterte Schüler aus entlegenen Orten haben mich wegen eines solchen Buches angeschrieben.

Darüber hinaus scheint sich die Gesundheit unserer jungen Männer, die sich der Musterung unterziehen müssen, von Jahr zu Jahr zu verschlechtern. All dies in Betracht ziehend entschloss ich mich, ein Lehrbuch über Karate zu schreiben, durch das der Sport vielleicht in der ganzen Nation Verbreitung findet und unser Volk sich in Geist und Körper üben kann. Dieser erste Versuch weist natürlich noch viele Mängel auf.»

Dieses Buch genoss große Popularität und wurde vier Jahre später von Kobundō in einer neu bearbeiteten Ausgabe neu aufgelegt, wobei der Titel in *Renten Goshin Karate-jitsu* («Stärkung der Willenskraft und Selbstverteidigung durch Karatetechniken») umgewandelt wurde.

Mein nächstes Buch, *Karatedō kyōhan*, wurde 1935 publiziert und befasste sich hauptsächlich mit den verschiedenen Arten von Kata. Auch dieses Buch wurde von Kosugi Hōan ausgestattet.

Eine Reihe von Wochen- und Monatszeitschriften begann sich ebenfalls für Karate zu interessieren, und während manche Autoren sich bemühten, ein wahres Bild des Karatedō wiederzugeben, zogen andere es vor, eine Sensation daraus zu machen. Im Vorwort zu meinem ersten Buch zitierte ich aus einem Artikel, der in einer Zeitung in Tōkyō erschienen war und in dem der Autor erklärte:

«Zweck des Karatedō ist es, einen starken Körper zu schaffen. Es ist auch eine Kunst der Selbstverteidigung. Von einem durchtrainierten Karateka sagt man, er könne sich aus einer sitzenden Position erheben und mit einem einzigen Tritt die Decke eines Raumes erschüttern, einen Bambusstock mit einer Hand zerbrechen, zwei oder drei dicke Bretter mit einem einzigen Faustschlag zerbrechen, ein starkes Tau mit einem Schlag durchtrennen, einen Stein mit seiner Faust zerschlagen, gar nicht zu reden von vielen anderen übermenschlichen Kraftakten. Aber sicher liegen solche Taten außerhalb der menschlichen Möglichkeiten. ‹Geheimnisvoll› ist das einzige Wort, sie zu beschreiben!»

Selbstverständlich liegt, wie wir gesehen haben, nicht alles Genannte ganz außerhalb der menschlichen Möglichkeiten, und es ‹geheimnisvoll› zu nennen, ist absurd. Aber leider muss ich sagen: So dachten viele Leute in jenen Tagen über Karate.

Freunde und Bekannte

Einer der ersten Offiziere unserer Armee, der den Wert des Karate erkannte, war Admiral Rokurō Yashiro, der im Krieg gegen Russland beträchtlichen Ruhm erlangt hatte. Wie der Leser sich vielleicht erinnern wird, war er es, der in Okinawa Karatevorführungen sehen wollte und davon so beeindruckt war, dass er den Offizieren und Mannschaften unter seinem Kommando befahl, es zu lernen.

Ich habe keine Ahnung, wie Admiral Yashiro erfuhr, dass ich in Tōkyō war, aber er wusste es und lud mich eines Tages in sein Haus in Ko'ishikawa in Haramachi ein. Er erinnerte sich all der Dinge, die er in Okinawa gesehen hatte und erzählte mir, dass er selbst wie auch seine Söhne und Enkel Karate lernen wollten, und so stimmte ich zu, sein Haus einmal wöchentlich aufzusuchen, um sie in der Kunst zu unterrichten.

An jedem Übungstag kam er persönlich an die Tür seines Hauses, um mich zu begrüßen, wobei er das formelle Kimono trug, und nach Beendigung unserer Übungen verabschiedete er mich wiederum. Öfters führten wir vor und nach den Übungen Gespräche, und ich profitierte dabei von seiner großen Erfahrung. Ich erkannte ihn als verehrenswerten Mann. Ein anderer Seemann, von dem ich viel lernte, war Isamu Takeshita, der ebenfalls später Admiral werden sollte.

Es mag seltsam klingen, aber zu meinen Bekannten und Schülern gehörten auch eine Anzahl von Sumōtori. Ōnishiki Uichirō zum Beispiel war ein berühmter Großmeister jener Zeit, obwohl sich vielleicht die jungen Leute heute nicht mehr an seinen Namen erinnern. Manchmal brachte er andere Ringer aus dem gleichen Haus in mein Meiseijuku-Dōjō, um dort zu üben, aber mein Dōjō war klein, was Sumōtori nicht gerade sind, und so zog ich es vor, die Kata in Ōnishikis Haus in Ryōgoku vorzuführen.

Ein anderer Sumōtori, den ich manchmal unterwies, war der Champion Fukunayagi, der eines frühzeitigen Todes starb, als er einen falsch zubereiteten Kugelfisch aß.

Die Ringer waren beim Training immer überaus aufmerksam, und wie auch heute noch veranstalteten sie häufig Rundreisen durch das Land. Sobald sie aber in die Hauptstadt zurückkehrten, kamen sie in mein Dōjō, um Bericht zu erstatten.

Ich erinnere mich, dass Großmeister Ōnishiki und ich eines Tages nahe der Ishikiri-Brücke in Ko'ishikawa spazieren gingen, als es plötzlich zu regnen anfing. Zufällig hatte ich keinen Regenschirm dabei, aber Ōnishiki öffnete sofort seinen eigenen über unseren Köpfen. Aber da Ōnishiki fast zwei Meter groß war und ich nur etwa einssechzig, nützte mir sein Schirm nicht viel. Als er dies sah, bestand er darauf, dass ich seinen Schirm nähme, mit den Worten: «Wenn

Ihr die Güte hättet ...» Er selbst zog sich sein Handtuch über den Kopf, als wir weitergingen.

Nach seinem Rückzug aus seiner aktiven Sumō-Laufbahn eröffnete Ōnishiki ein Restaurant in Tsukiji, wohin er mich eines Abends zum Essen einlud. Mir bot er ein Kissen zum Sitzen an, während er selbst direkt auf der Strohmatte saß, und so hielt er strikt die Etikette zwischen Lehrer und Schüler ein. Ich konnte nicht umhin, von dem ausgeprägten Sinn für Anstand des ehemaligen Großmeisters tief beeindruckt zu sein.

Außer Ōnishiki und Fukunayagi gab es noch ein halbes Dutzend berühmter Sumōtori, die bei mir Karate lernten, und ich stellte fest, dass ich ebenfalls viel von ihnen lernte, selbst während ich sie unterrichtete. Meine Folgerung daraus war, dass das letzte Ziel von Karate wie auch von Sumō das gleiche ist: die Übung von Geist und Körper.

Shōtōkan

Es wäre für jedermann schwierig gewesen, das Ausmaß der Katastrophe vorherzusehen, die Tōkyō am ersten September 1923 traf. Das war der Tag des großen Kantō-Erdbebens. Fast alle Gebäude waren aus Holz, und in der Feuersbrunst, die dem Erdbeben folgte, wurde die große Hauptstadt in eine Ruine verwandelt. Mein Dōjō entging glücklicherweise der Zerstörung, aber viele meiner Schüler verschwanden einfach im Chaos einstürzender und brennender Gebäude.

Wir, die überlebten, taten alles, um den Verletzten und Obdachlosen in den Tagen nach dem schrecklichen Unglück zu helfen. Mit denjenigen meiner Schüler, die nicht verletzt oder getötet worden waren, schloss ich mich anderen Freiwilligen an, um zu helfen, Lebensmittel für die Flüchtlinge zu beschaffen, die Trümmer wegzuräumen und die Toten zu bestatten.

Selbstverständlich musste dadurch die Aufgabe, Karate zu unterrichten, hinausgeschoben werden, aber man kam auch nicht darum herum, sich seinen Lebensunterhalt zu verdienen. Nach kurzer Zeit fanden ungefähr dreißig von uns Arbeit bei der Dai'ichi-Sōgō-Bank und beschrieben Matrizen. Ich erinnere mich nicht mehr daran, wie viel uns gezahlt wurde und wie lange wir diese Arbeit verrichteten, aber ich erinnere mich noch gut an das schier endlose Hin und Her zwischen dem Dōjō in Suidōbata und der Bank in Kyōbashi.

Aber ich erinnere mich auch an einen ganz anderen Aspekt dieses täglichen Pendelns. In jenen Tagen trugen sehr wenige Menschen Schuhe in den Straßen der japanischen Städte; jeder trug entweder Sandalen oder Holzpantoffeln, *geta* genannt. Eine Art derselben, *hōba no geta*, hatten zwei extrem hohe Leisten an der Lauffläche, manche auch nur eine, und solche waren es, die ich immer trug, um dadurch meine Beinmuskeln zu stärken.

Ich hatte dies schon während meiner Jugend in Okinawa so gemacht, und ich sah keinen Grund, dies zu ändern, als ich zu meiner Arbeit in die Bank ging. Die Geta, die ich trug, waren aus schwerem Holz geschnitzt und verursachten ein lautes Klacken, ähnlich dem, das von den metallenen Geta verursacht wird, die heute manche Karateka zum Training benutzen. Ich bezweifle nicht, dass manche Leute auf der Straße mich mit einem heimlichen Lächeln betrachtet haben, amüsiert darüber, dass ein Mann in meinem Alter noch so eitel war, größer erscheinen zu wollen. Schließlich war ich damals bereits über fünfzig Jahre alt. Ich versichere meinen Lesern jedoch, dass mein Motiv nichts mit Eitelkeit zu tun hatte: Ich betrachtete meine Geta als eine Notwendigkeit für das tägliche Training.

Im Lauf der Wochen und Monate begann man Tokyō wieder aufzubauen, und schließlich kam der Augenblick, in dem wir erkannten, dass sich unser Dōjō ebenfalls in einem baufälligen Zustand befand. Das Meiseijuku war um 1912 oder 1913 gebaut und lange Zeit nicht mehr renoviert worden. Glücklicherweise erhielten wir von der Provinzialregierung und der Gelehrtenvereinigung Okinawas ein wenig Geld, um die notwendigsten Reparaturen durchzuführen.

Selbstverständlich mussten wir aber andere Quartiere finden, während das Meiseijuku hergerichtet wurde. Als er hörte, dass ich einen Ort suchte, wo ich unterrichten könnte, bot mir Hiromichi Nakayama, ein berühmter Fechtlehrer und guter Freund, die Benutzung seines Dōjōs für die Zeit an, in der es nicht zum Fechttraining benötigt wurde.

Bald mietete ich ein kleines Haus in der Nähe von Nakayamas Dōjō, aber kurz darauf war ich in der Lage, ein größeres mit einem großen Hof zu mieten, in dem ich und meine Schüler üben konnten.

Der Zeitpunkt kam, an dem auch diese Regelung ungenügend wurde. Die Zahl meiner Schüler wuchs, aber gleichermaßen wuchs auch die Zahl der Fechtschüler. Die Folge war, dass ich meinen Wohltäter störte. Unglücklicherweise war meine finanzielle Lage immer noch schlecht, und ich konnte nicht das tun, was offensichtlich nötig war: ein Dōjō speziell für Karate zu bauen.

Es war um 1935, als ein nationales Komitee von Karatefreunden genügend Spenden sammelte, um das erste jemals in Japan gebaute Karate-Dōjō zu errichten. Es geschah nicht ohne eine Spur des Stolzes, dass ich im Frühjahr 1936 das neue Dōjō in Zoshigaya, Toshima, betrat und über der Tür eine Tafel mit dem Namen des neuen Dōjōs sah: Shōtōkan. Dies war der Name, zu dem sich das Komitee entschlossen hatte; ich hatte keine Ahnung gehabt, dass sie das Pseudonym wählen würden, das ich in meiner Jugend benutzte, um die chinesischen Gedichte zu signieren, die ich schrieb.

Aber ich war auch traurig, da ich mir vor allem gewünscht hätte, dass die Meister Azato und Itosu kommen könnten, um in dem neuen Dōjō zu unterrichten. Leider weilte von ihnen keiner mehr auf dieser Erde, und so verbrannte ich an dem Tag, an dem das Dōjō offiziell eröffnet wurde, Weihrauchstäbchen und betete zu ihren Seelen. In meiner Fantasie schienen die beiden großen Lehrer mir zuzulächeln und zu sagen: «Gut gemacht, Funakoshi, gut gemacht! Aber begehe nicht den Fehler, selbstzufrieden zu sein, da du noch viel zu tun hast. Dies heute, Funakoshi, ist nur der Anfang!»

Der Anfang? Ich war damals fast siebzig Jahre alt. Wo sollte ich die Zeit und Kraft finden, all das zu tun, was noch getan werden musste? Glücklicherweise sah ich weder danach aus noch spürte ich mein Alter, und so entschloss ich mich, nicht aufzugeben, ganz wie es meine Lehrer von mir forderten. Es gab, wie sie mir gesagt hatten, noch viel zu tun. Also würde ich es auch irgendwie schaffen.

Eine meiner ersten Aufgaben nach Fertigstellung des neuen Dōjōs war, Regeln und Pläne für das Training aufzustellen. Ich formalisierte auch die Anforderungen für die verschiedenen Grade und Klassenstufen (*dan* und *kyū*). Und weiter vergrößerte sich Tag für Tag die Zahl meiner Schüler, sodass unser neues Dōjō, das anfangs für unsere Ansprüche mehr als ausreichend erschienen war, bald nicht mehr genügte.

Obwohl ich, wie gesagt, mein Alter nicht fühlte, erkannte ich, dass ich nicht allen Aufgaben, die sich ansammelten, gerecht werden konnte. Es musste nicht nur das Dōjō geleitet werden, sondern auch die Universitäten in Tōkyō bildeten im Rahmen ihres Sportunterrichts Karategruppen, und diese brauchten Lehrer. Deshalb war es für einen Mann allein zu viel, sowohl das Dōjō zu leiten als auch von Universität zu Universität zu fahren, und so ernannte ich ältere Schüler von mir, die an meiner Stelle an den Universitäten unterrichten sollten. Zur selben Zeit machte ich meinen dritten Sohn zum Assistenten und übertrug ihm die täglichen Aufgaben im Dōjō, während ich den Unterricht dort wie an den Universitäten überwachte.

Ich möchte hinzufügen, dass unsere Aktivitäten nicht auf Tokyo beschränkt waren. Viele Absolventen aus meinem Dōjō, ebenso wie solche von den Universitäten, nahmen Berufe in den Provinzstädten an mit dem Ergebnis, dass Karate im ganzen Land bekannt wurde und viele Dōjōs gebaut wurden. Dies hatte weitere Arbeit für mich zur Folge, da ich im gleichen Maß, wie Karate sich ausbreitete, von örtlichen Gruppen belagert wurde mit der Bitte, sie zu besuchen und Vorführungen zu geben. Wenn ich so für längere Zeit verreiste, ließ ich die Leitung meines Dōjōs in den guten Händen meiner älteren Schüler.

Ich werde oft gefragt, wie ich dazu kam, den Künstlernamen «Shōtō» anzunehmen, der dann der Name des neuen Dōjōs wurde. Das Wort *shōtō* bedeutet «Pinienrauschen» und hat somit keine großartige, geheimnisvolle Bedeutung, aber ich möchte doch erzählen, warum ich das Wort wählte.

Meine Heimatstadt, die Festung Shuri, ist von Hügeln umgeben, die mit Wäldern der Ryūkyū-Pinie und subtropischer Vegetation bewaldet sind, darunter auch der Torao-Berg, der dem Baron Chōsuke I'e gehörte (der im Übrigen einer meiner ersten Gönner in Tōkyō wurde). Das Wort *torao* bedeutet «Tigerschwanz», und es war teilweise zutreffend, da der Berg sehr schmal und so stark bewaldet war, dass er aus der Ferne betrachtet tatsächlich an einen Tigerschwanz erinnerte. Wenn ich Zeit hatte, ging ich oft am Torao-Berg spazieren, manchmal auch nachts bei Vollmond oder wenn der Himmel klar war und man unter einem Himmel voller Sterne stand. Wenn zu solchen Zeiten außerdem noch ein wenig Wind wehte, konnte man das Rauschen der Pinien hören und das tiefe, undurchdringliche Geheimnis fühlen, das in der Wurzel allen Lebens liegt. Für mich war das Murmeln der Pinien immer eine göttliche Musik.

Dichter in der ganzen Welt haben über das brütende Geheimnis geschrieben, das in Gehölzen und Wäldern schlummert, und ich wurde angezogen von der bezaubernden Einsamkeit, für die sie ein Symbol sind. Vielleicht wurde meine Liebe zur Natur dadurch verstärkt, dass ich ein Einzelkind und recht schwächlich war, aber ich glaube, es wäre eine Übertreibung, mich als Einzelgänger zu bezeichnen. Dennoch: Ich liebte nichts so sehr, wie nach einem anstrengenden Training loszugehen und einen Spaziergang zu machen.

Dann, als ich in den Zwanzigern war und als Schullehrer in Naha arbeitete, ging ich manchmal zu einer langen, schmalen Insel in der Bucht, auf der sich ein seltsamer Naturpark namens Okunoyama mit herrlichen Pinien und einem riesigen Lotusteich befand. Das einzige Gebäude auf der Insel war ein Zen-Tempel. Auch hierhin ging ich manchmal, um unter den Bäumen spazieren zu gehen.

Zu jener Zeit praktizierte ich bereits mehrere Jahre lang Karate, und ich wurde mir, je vertrauter ich mit der Kunst wurde, ihrer geistigen Natur bewusst. Meine Einsamkeit zu genießen, während ich dem Wind zuhörte, wie er durch die Pinien pfiff, schien mir eine vorzügliche Möglichkeit zu sein, den Geistesfrieden zu erreichen, den Karate erfordert. Und da dies seit meiner frühen Kindheit zu meinem Leben gehörte, entschied ich mich, dass es keinen besseren Namen als Shōtō gab, um die Gedichte zu unterzeichnen, die ich schrieb. Im Lauf der Jahre wurde dieser Name besser bekannt als jener, den meine Eltern mir gaben, und ich stellte oft fest, dass, falls ich nicht Shōtō zusätzlich zu Funakoshi schrieb, die Leute nicht wussten, wer ich war.

Große Verluste

An den fernen Himmeln der Mandschurei und der Mongolei begannen sich die Kriegswolken zu sammeln, aber der Himmel über Japan selbst war noch blau und friedlich. Das Leben ging weiter wie immer, und der Kaiser übte weiter seine offiziellen Pflichten aus. Von seiner jährlichen Anwesenheit bei Karatevorführungen war ich tief berührt, da mir einmal die Ehre zuteilwurde, einer der Vorführenden zu sein.

Ich erinnere mich noch lebhaft an jeden Augenblick dieses Tages, als ich in Gegenwart des Kaisers mit einem halben Dutzend meiner Schüler Karate-Kata vorführte. Der verarmte Jugendliche aus Okinawa, der jede Nacht kilometerweit zum Haus seines Lehrers gelaufen war, hätte selbst in seinen kühnsten Träumen nicht solch einen Höhepunkt seiner Karate-Karriere voraussehen können. Trotzdem kam es so weit, und die Ehre wurde für mich durch die Tatsache gesteigert, dass ich die Kata persönlich vor Seiner Majestät zeigen konnte, obschon ich bereits weit über fünfzig Jahre alt war.

Ich hatte, wie schon gesagt, zwar bereits früher in der Kaiserlichen Gegenwart Vorführungen gehalten, als der Kaiser noch Kronprinz war und auf seiner Reise nach Europa in Okinawa Station machte. Aber die Situation war damals grundverschieden. Damals war Karate eine der am wenigsten bekannten Kampfkünste; tatsächlich, so glaube ich behaupten zu können, war es außerhalb der Ryūkyū-Inseln kaum bekannt. Aber nun hatte es seinen Platz neben den anderen traditionellen Kampfkünsten eingenommen, und wenn ich den riesigen Unterschied zwischen jenem fernen Tag in Okinawa und diesem Tag in Tōkyō bedachte, so konnte ich meine Gefühle kaum verbergen.

Nach der Vorführung wurde ich von Chinda Suteki, damals Großkammerherr des Kaisers, zu einer Versammlung eingeladen. Er erzählte mir, dass sich Seine Majestät gut an jene Vorführung in der Burg von Shuri erinnere und gefragt habe, ob jener Mann, der damals die Verantwortung gehabt hatte, nicht derselbe sei, der heute im Kaiserlichen Palast vorgeführt habe. Der Leser wird sich meine Gefühle gut vorstellen können, als ich dies hörte.

Unsere Friedenszeit näherte sich nun ihrem Ende. Als sich der «Mandschurische Zwischenfall» ausweitete, begann Japan sich auf einen richtigen Krieg vorzubereiten. Nun wurde die Zahl der Schüler, die in mein Dōjō kamen, immer größer; und nach dem Ausbruch der Feindseligkeiten mit China, die bald vom Krieg im Pazifik gefolgt wurden, konnte mein Dōjō die Anzahl der jungen Männer, die trainieren wollten, nicht mehr aufnehmen.

Wenn sie im Hof oder gar auf der Straße übten, fürchtete ich, dass der Klang ihrer bloßen Fäuste, die auf strohgepolsterte Holzpfosten schlugen, eine Störung für die Nachbarschaft wäre.

«Sensei», so hörte ich immer öfter junge Männer sagen, die vor mir saßen, «ich wurde eingezogen und muss gehen, um meinem Land und meinem Kaiser zu dienen.» Täglich konnte ich einen und oft auch mehr als einen meiner Schüler auf diese Weise Bericht erstatten hören. Sie hatten Tag für Tag angestrengt Karate geübt, um sich auf einen Kampf mit einem unbekannten Feind vorzubereiten, und sie glaubten, sie wären jetzt so weit. In der Tat erzählte man mir, dass manche Offiziere ihre Männer anwiesen, dass sie, falls sie keine Gewehre oder Schwerter tragen könnten, den Feind mit bloßen Händen anzugreifen hätten. Dies wurde bekannt als «Karate-Angriff».

Selbstverständlich starben viele meiner Schüler im Kampf – so viele, dass ich sie nicht mehr zählen konnte. Ich glaubte, mein Herz müsse zerbrechen, als ich einen Bericht nach dem anderen erhielt, der mir vom Tod so vieler vielversprechender junger Männer Kunde gab. Dann stand ich allein im stillen Dōjō und betete für die Seelen dieser Gefallenen und erinnerte mich der Tage, als sie so emsig ihr Karate geübt hatten.

Und selbstverständlich erlitt auch meine Familie, wie so viele andere, ihre persönlichen Unglücksfälle – Unglücksfälle, die sich verstärkten, als klar wurde, dass der Krieg im Pazifik mit Japans Niederlage enden würde. Als im Frühjahr mein dritter Sohn Gigō erkrankte und in ein Hospital eingewiesen werden musste, zog ich zu meinem ältesten Sohn nach Ko'ishikawa. Während ich dort lebte, wurde mein Dōjō bei einem Luftangriff völlig zerstört.

Ich dachte daran, wie es von Freunden des Karatedō mit Liebe und Großzügigkeit errichtet worden war. Es war ein Sinnbild ihrer Hingabe an diese Kunst und für mich das Wunderbarste, was ich jemals in meinem Leben erreicht hatte. Nun war es von einem Augenblick zum nächsten verloren.

Bald musste natürlich eine andere Katastrophe ertragen werden: Der Kaiser verkündete seinen Erlass, der die Niederlage Japans anerkannte. Das Chaos, das der Niederlage in Tōkyō folgte, war zu viel für mich, und so floh ich nach Oita in Kyūshū, wohin sich auch meine Frau geflüchtet hatte, als die harte Schlacht um Okinawa begann. Ich glaubte zumindest, mit ihr zusammen dort ruhig leben zu können, und ich glaubte, dort eine bessere Chance zu haben, etwas zu Essen zu finden, als in der vom Hunger heimgesuchten Hauptstadt.

Aber das Leben in Kyūshū war nicht ganz so, wie ich angenommen hatte. Einerseits hatte es eine Massenevakuierung von Okinawa nach Ōita gegeben, und weder meine Frau noch ich hatten Verwandte unter den Massen von Flüchtlingen. Noch gab es dort sehr viel zu essen: ein wenig Gemüse, das wir uns selbst zogen, und Algen, die wir an der Küste sammelten.

Meine Frau behielt, so alt sie auch war, ihren unbeugsamen Geist – aber, zu meiner großen Sorge, nicht für sehr lange. Eines Tages wurde sie plötzlich krank. Sie hatte schon immer an Asthma gelitten, und nun wurde es so schlimm, dass sie kaum mehr atmen konnte. Als ich eines Nachmittags bei ihr saß, sah ich, wie sie ihren kranken Körper im Bett aufrichtete und ihr Gesicht in Richtung der Hauptstadt wendete. Ich sah, wie sich ihre Lippen in einem stillen Gebet bewegten. Dann drehte sie sich um, diesmal in Richtung Okinawa, faltete ihre Hände und sprach ein zweites stilles Gebet. Ich wusste natürlich, an was sie dachte: Als sie nach Tōkyō blickte, dachte sie an den Kaiser und den Kaiserlichen Palast, sie dachte an ihre Kinder und Enkel; und als sie nach Okinawa blickte, brachte sie den Geistern ihrer Ahnen ein letztes Gebet dar, bevor sie selbst sich ihnen anschließen würde.

So starb meine Frau, sie, die während all der langen Jahre alles getan hatte, um mir zu helfen und mich in meiner Hingabe an Karate zu ermutigen. Seit ich im Alter von ungefähr fünfzig Jahren nach Tōkyō gegangen war, war ich von ihr getrennt gewesen, und früher, als wir in Okinawa zusammen gewesen waren, war ihr Leben auch nicht gerade leicht gewesen. Wir waren so arm, dass weder sie noch ich viele der gewöhnlichen Annehmlichkeiten genießen konnten, die der Trost des durchschnittlichen Ehepaares sind. Sie widmete mir ihr ganzes Leben, ihrem Ehemann mit seiner Liebe zu Karate, und ihren Kindern.

Ich glaube, ihre außerordentliche Güte wurde von den Einwohnern Ōitas erkannt, da sie für sie eine Ausnahme in ihren althergebrachten Beerdigungstraditionen machten. Es ist eine seltsame Tatsache, dass die Leichenhallen des Ortes nur für Leute waren, die auch in Ōita geboren waren. Die Körper von Fremden verwies man an die städtischen Hallen in Usuki. Aber örtlichen Würdenträgern gelang es, für meine Frau eine Verbrennung in den örtlichen Leichenhallen zu arrangieren, und dies war, so glaube ich, das erste Mal in der Geschichte des Ortes, dass solch eine Ausnahme gemacht wurde. Es war ein ergreifender Tribut an ihr Andenken, an ihre besonderen menschlichen Fähigkeiten.

Dies war im Spätherbst 1947. Ein paar Tage später reiste ich nach Tōkyō ab und nahm die Urne mit der Asche meiner Frau mit. Ich wollte einige Zeit im Haus meines ältesten Sohnes bleiben. Als der alte Zug aus der Kriegszeit langsam nach Tōkyō dampfte, hielt er an zahlreichen Stationen. Zu meiner großen Überraschung waren an jeder Station frühere Schüler von mir, um mich zu begrüßen und mir ihr Beileid auszusprechen. Ich weiß nicht, wie sie erfahren hatten, dass ich in dem Zug war, noch wie sie vom Tod meiner Frau wussten, aber ich war von ihrer Fürsorge zutiefst berührt. Tränen rannen unkontrolliert über meine Wangen, bis ich erkannte, dass sie so edel gestorben war, wie sie gelebt hatte.

Das wahre Karate erkennen

Immer öfter in den letzten Jahren habe ich Leute «*Karate sannen-gorōshi*» oder «*Karate gonen-gorōshi*» sagen hören, was heißt, dass jemand, der von einem Karateschlag getroffen wurde, nach drei oder fünf Jahren unvermeidlich sterben wird. Dies klingt recht abwegig und ist selbstverständlich ganz zu missbilligen, da aber ein wenig Wahrheit darin liegt, möchte ich hier ganz kurz darauf eingehen.

Um es richtigzustellen, so ist es überhaupt unwahr, dass, falls man einen Gegner in einer bestimmten Weise trifft, er unabwendbar verurteilt ist, innerhalb von drei oder fünf Jahren zu sterben. Aber es ist richtig, dass jemand, der so getroffen wird, nach ein paar Jahren unter Umständen an den Folgen des Schlages sterben kann, obwohl er im Moment des Schlages selbst nicht stirbt. Bestimmte Karateschläge können demzufolge das Leben des Opfers verkürzen:

Darin liegt der Funken Wahrheit, der den Anstoß gab für diese Gerüchte.

Wie ist das möglich? Zweifellos haben meine Leser Bilder von Karateka gesehen, die mit ihren bloßen Händen Bretter und Dachziegel zertrümmern. Normalerweise bleibt das oberste Brett unversehrt, während die darunter liegenden zerbrechen; das Brett, das tatsächlich den Schlag erhält, zeigt kein Anzeichen eines Treffers.

Dasselbe kann für einen Schlag auf den menschlichen Körper zutreffen: Der Oberfläche des Körpers sieht man nichts an, aber das Innere kann ernsthaft verletzt sein. Wir haben alle von Zwischenfällen gehört, bei denen jemand von etwas getroffen wird, er aber, da er wenig oder gar keinen Schmerz verspürt, die Sache vernachlässigt. Dann – vielleicht nach Jahren – beginnen die Schmerzen und nehmen vielleicht zu. Aber solche Schläge auszuführen oder Bretter und Dachziegel zu zertrümmern, ist weit von der wahren Grundhaltung des Karate entfernt.

Sagen wir, jemand, der sich im Karate auskennt, kann normalerweise ungefähr vier oder fünf Bretter mit einem Schlag zerbrechen. Wenn nun ein durchschnittlicher Mann, der nichts von Karate versteht, genügend übt, so wird er drei oder vier Bretter zerschlagen können. Aber wir werden deshalb sicher nicht behaupten, dass er dadurch die wahre Einstellung des Karate erreicht habe. Sollte er die Fähigkeit, die er dadurch gewonnen hat, dazu benutzen, andere anzugreifen, so würde er mit aller Wahrscheinlichkeit den Kampf verlieren; es würde ihm gelungen sein, seine Hände zu stärken, aber er hätte das wahre Wesen des Karate nicht verstanden.

Ich erinnere mich, wie besorgt das städtische Polizeipräsidium (als ich das erste Mal nach Tōkyō kam) war, dass Karate als Angriffswaffe verwendet werden könnte. Die Leute sind heute, glaube ich, nicht mehr so albern. Einige Jahre später sagte ein hoher Offizier zu mir: «Wissen Sie, jeder, der eine Pistole oder ein Schwert bei sich hat, kann wegen illegalen Waffenbesitzes verhaftet werden, aber beim Karate sind Hände und Füße die einzigen Waffen, und wir können kaum jemanden verhaften, weil er diese bei sich hat. Deshalb möchte ich Sie bitten, die jungen Männer, die in Ihrem Dōjō trainieren, dazu anzuhalten, ihre Fähigkeiten nicht zu einem illegalen Zweck zu verwenden. Es gibt heutzutage so viele Gangsterbanden in diesem Land!»

Ich erkannte, falls durch meine Bemühungen solche Banden Karate lernen würden und es dazu verwendeten, andere Leute zu verletzen oder gar zu töten, mein Name für immer diskreditiert wäre. Aber ich bin stolz darauf, dass von den Zehntausenden, die in meinem Dōjō die Kunst des Karate erlernt und geübt hatten, mir kein Einziger bekannt ist, der sein Können illegal benutzt hätte.

Ich habe in meinem Unterricht immer den Punkt betont, dass Karate eine defensive Kunst ist und niemals offensiven Zwecken dienen darf. «Seid vorsichtig», schrieb ich in einem meiner früheren Bücher, «mit den Worten, die ihr sprecht, denn wenn ihr protzt, so werdet ihr euch viele Feinde schaffen. Vergesst niemals den alten Spruch, dass ein starker Sturm einen starren Baum zerstören kann, dass aber die Weide sich biegt – so bläst der Sturm hindurch. Die bedeutenden Werte des Karate sind Vernunft und Bescheidenheit.»

Deshalb lehre ich meine Schüler immer, auf der Hut zu sein, aber niemals mit ihren Karatefähigkeiten in die Offensive zu gehen, und ich unterweise meine Schüler, dass ich es unter keinen Umständen gestatten würde, dass sie ihre Fäuste benutzen, um persönliche Meinungsverschiedenheiten zu bereinigen.

Einige der Jüngeren, so muss ich zugeben, sind anderer Meinung: Sie erklären mir, dass Karate immer dann gerecht angewendet würde, wenn die Umstände es absolut notwendig machten. Ich möchte klarstellen, dass dies ein totales Missverständnis der wahren Bedeutung des Karate ist, denn sobald Karate ins Spiel kommt, wird das Ganze zu einer Angelegenheit von Leben und Tod. Und wie könnten wir es uns in unseren wenigen Jahren auf Erden erlauben, uns öfter auf solcherlei Konfrontationen einzulassen?

Unter welchen Umständen auch immer, Karate darf nicht offensiv verwendet werden. Um meinen Standpunkt zu verdeutlichen, möchte ich das Beispiel eines jungen Mannes anführen, der für eine kurze Zeit in meinem Meiseijuku-Dōjō verbracht hatte und eines Tages beschloss, seinen Fußstoß an einem Hund auszuprobieren, der die Matsudaira-Residenz neben unserem Anwesen bewachte. Der Fußstoß des jungen Mannes verfehlte sein Ziel, und er selbst wurde schwer gebissen. Deshalb sage ich, dass jene, die Karate trainieren und glauben, ihr Können anwenden zu müssen, die Bedeutung der Kunst pervertieren.

Ein anderes Schlagwort, zu dem ich mich hier äußern möchte, ist der so genannte «Karatehieb», der im Wrestling, dem professionellen Ringen, verwendet wird. Dies ist allerdings kein Gesprächspunkt, für den ich besonders qualifiziert wäre, da ich wenig oder gar nichts über das Wrestling weiß, und da ich nicht gern in einer Menschenansammlung bin, habe ich auch nie einen Kampf gesehen, außer im Fernsehen.

Dieser «Karatehieb» ist die Hauptwaffe von Rikidōzan, dem Mann, der wohl am meisten verantwortlich ist für die Popularität des Wrestling im heutigen Japan, wofür ich ihn achte. Ich fragte mich, wo er wohl Karate gelernt haben mag, und erfuhr, dass er als Sumō-Ringer mit Togawa Yukio trainierte, der früher in meinem Dōjō geübt hatte. Somit hatte Rikidōzan Karate studiert, bevor er Berufsringer wurde, was ganz klar zeigt, wie entschlossen er war, alle Aspekte seines Berufs zu erlernen.

Als ich seinen berühmten «Karatehieb» im Fernsehen sah, erkannte ich, dass es nichts weiter als eine Version des *shutō*-Schlages war, den wir im Karate verwenden. Das Wort *shutō* bedeutet «Schwerthand», was sich darauf bezieht, dass die Hand wie ein Schwert oder Messer verwendet wird, mit gestreckten, fast aneinander liegenden Fingern.

Trotz ihrer anscheinenden Ähnlichkeit sind aber der «Karatehieb» und Shutō zwei sehr verschiedene Dinge. Als ich Rikidōzan im Fernsehen sah, schien er seine Hände in der Art zu verwenden, wie Kinder ein Bambusschwert schwingen. Unser Shutō ist jedoch eine weitaus gefährlichere Waffe: Es gleicht einem Stahlschwert. Ein Shutō-Schlag zum Nacken eines Gegners kann diesen töten.

Falls er das Schulterblatt trifft, wird er den Knochen zerschmettern; und er kann den Körper eines Gegners wie die Klinge eines Messers durchdringen. Es ist dasselbe Shutō, das manchmal verwendet wird, um Bretter oder Dachziegel durchzuschlagen.

Trotz der Tatsache, dass der «Karatehieb» eine Abart des Shutō ist, wird der erfahrene Karateka eine Reihe von Unterschieden feststellen. Im Karate wird der Arm zum Beispiel selten hoch über den Kopf erhoben (obwohl man dies von Anfängern beim Üben einer Kata verlangt, um ihre Bewegungen freier zu machen). Aber ein Fortgeschrittener wird seine Arme niemals so hoch heben, wie es der Wrestler bei seinem «Karatehieb» tut.

Außerdem wird der Letztere mit fast ausgestrecktem Arm geführt, während der Shutō-Schlag mit gebeugtem Ellbogen geführt wird, und da bei ihm die Seiten nicht weit geöffnet werden, ist die Körperbewegung dabei ziemlich klein im Vergleich zu der beim «Karatehieb», aber sie kann natürlich weitaus gefährlicher, ja tödlich sein.

Tag für Tag

Oft wird mir von Reportern (und in der Tat sogar von Ärzten) jene Frage gestellt, an die wir älteren Menschen uns gewöhnen müssen. Auf was, so will jeder wissen, führe ich mein hohes Alter zurück? Und meine aufrichtige Antwort ist, dass ich kein Geheimrezept habe außer Mäßigung. Obwohl ich neunzig Jahre alt bin, fühle ich mich bei so guter Gesundheit, dass ich mich nicht wundern würde, wenn heute ein neues Leben begänne!

Mäßigung, das ist es. Aber ich glaube, wenn ich meinen Lesern etwas von meinen täglichen Gewohnheiten erzähle, denen ich ein Leben lang gefolgt bin, werden sie besser verstehen, warum ich ein so reifes und aktives Alter habe.

Wie ich bereits zu Anfang dieses Buches erzählt habe, war ich eine Frühgeburt, und so nahmen meine Eltern, ebenso wie ihre

Bekannten aus der Nachbarschaft, an, dass ich nicht älter als drei Jahre werden würde. Heute, neunzig Jahre später, unterrichte ich immer noch Karate und schreibe Bücher, und mein Geist arbeitet immer noch genauso eifrig neue Pläne aus, so als ob ich nur halb so alt wäre, wie ich heute bin.

Betrachten wir für einen Moment den wichtigen Gesichtspunkt der Nahrung. Ich esse mäßig und nie so viel, dass ich «voll» bin. Gemüse ist ein Hauptbestandteil meiner Diät, und obwohl ich gern Fleisch und Fisch esse, schränke ich diese beiden Dinge doch ein. Ich habe es mir zur Regel gemacht, nie mehr als eine Beilage oder eine Schale Suppe zu essen. Ich glaube, die Mäßigung in Bezug auf das Essen ist ein Hauptgrund, warum ich meine gute Gesundheit erhalten habe. Ich möchte außerdem erwähnen, dass es immer meine Gewohnheit war, im Sommer warme und im Winter kalte Mahlzeiten zu mir zu nehmen. Zum Beispiel esse ich niemals, wie die meisten Menschen, Eiscreme, oder trinke Limonade, wenn es heiß ist.

Was die Kleidung betrifft, so mag ich keine schweren Kleidungsstücke. In Okinawa ist es natürlich das ganze Jahr über sehr warm, und so besteht wenig Bedarf für warme Kleidung, aber sogar heute, in den Wintern von Tōkyō, ziehe ich mich so leicht wie möglich an. Ich habe niemals die Kohlepfannen, die wir *hibachi* nennen, oder die Kohleöfen (*kotatsu*) noch jemals eine Wärmflasche benutzt.

Während der ganzen vier Jahreszeiten schlafe ich auf einer einzigen dünnen Matte aus Stroh mit einem Holz- oder Rattankissen, und selbst mitten im Winter decke ich mich nur mit einer Decke zu. Ich habe niemals zusätzliche Decken verwendet. Da meine Familie arm war, gewöhnte ich mich schon früh an diese Einfachheit, und ich sah nie einen triftigen Grund, meine Gewohnheiten zu ändern. Bis heute lebe ich in einem gemieteten Haus, und was mehr bedeutet: Ich bestehe auf einem Raum im Obergeschoss. Dies tue ich ganz bewusst, da ich glaube, dass Treppensteigen ein ausgezeichnetes Training für die Beinmuskeln ist. Auch diese Angewohnheit mag ein wichtiger Faktor für meine lebenslange gute Gesundheit sein.

Ich stehe immer früh auf. Ich nehme an, dass meine jungen Leser, die daran gewöhnt sind, dass alles für sie getan wird, dies überraschend finden, aber sobald ich aufstehe, rolle ich meine Decke zusammen und räume sie im Schrank auf. Als ich noch in Okinawa lebte, erlaubte ich meiner Frau nie, mir diesen Gefallen zu tun, genauso wenig, wie ich es heute meinen Kindern und Enkelkindern erlaube. Meine Angewohnheit war es immer, diese Dinge selbst zu tun, wie auch zum Beispiel mein Zimmer zu wischen, meine Decke zu lüften oder meine Bücher abzustauben. Ich habe Sauberkeit immer für wichtig gehalten, und ich bestehe darauf, die dazu nötigen Dinge selbst zu tun. Dies war immer meine Angewohnheit.

Nach dem Aufstehen wische ich den Staub, der sich vielleicht auf dem Portrait von Kaiser Meiji im Hof-Ornat abgesetzt haben könnte, einem Bild, das mir von meinen Kindern geschenkt wurde, oder von dem des Takamori Saigō, des großen Staatsmanns und Soldaten der Meiji-Zeit. Das Letztere wurde mir von seinem Enkel, Kichinosuke Saigō, geschenkt. Wenn ich dies getan habe, wische ich mein Zimmer, übe ein wenig Kata, wasche mich und esse dann mein einfaches Frühstück.

Ich gestatte mir heute allerdings einen Luxus, den ich mir früher nicht zugestanden hätte: Ich halte manchmal vor dem Mittagessen ein kurzes Schläfchen. Nachmittags beschäftige ich mich oft mit Kalligrafie, oder ich lese. Die Kalligrafien sind häufig die Folge von Anfragen meiner Schüler, die nach dem Abschluss ihres Studiums an der Universität Stellungen in entfernten Gegenden angenommen haben und mich bitten, ihnen ein Motto mit auf den Weg zu geben.

Ich habe die Kalligrafie von Kindheit an geübt, aber selbst damals habe ich niemandem gestattet, die Tusche für mich zu bereiten, und ebenso halte ich es noch heute. Wie meine Leser vielleicht wissen, benutzen japanische Kalligrafen Stäbchen aus getrocknetem Pigment, die sie durch Reiben in einer mit Wasser gefüllten Steinschale in Tusche umwandeln. Dies ist ein langwieriger Prozess, und so bin ich oft ein paar Monate hinter den Bestellungen meiner ehemaligen

Schüler zurück. Ich hoffe, dass sie erkennen, dass es nicht mein Alter ist, das die Verzögerung verursacht.

Ich merke, dass ich zwar bei der Kalligrafie keine Brille brauche, aber ich benötige eine, wenn ich Briefe lesen will, die mit Kugelschreiber oder Tinte geschrieben sind. Mein Gehör ist immer noch scharf genug, aber ich muss zugeben, meine Zähne sind nicht mehr meine eigenen. Wenn ich esse, habe ich keine Schwierigkeiten mit ihnen, aber ich habe festgestellt, dass sie manchmal während einer Unterhaltung locker werden, und ich fürchte deshalb, sie könnten herausfallen. Deshalb presse ich sie mit einem Finger gegen den Gaumen, was auch nicht gerade zur besseren Verständlichkeit beiträgt. Ich glaube, ich sollte mir demnächst ein neues und besseres Paar kaufen.

Nun ja, trotz allem kann jemand kaum mein Alter erreichen, ohne dass dies von seinen Mitmenschen bemerkt wird. Manchmal ziehe ich die Frau meines ältesten Sohnes auf: «Ermahne deinen Mann, er soll vorsichtig sein, wenn er in die Stadt geht – es sind so viele Autos und Busse auf der Straße, und dein Mann wird auch nicht gerade jünger!»

«Und wie alt», erwidert sie dann säuerlich, «glaubst du wohl, dass *du* bist, Großvater?»

Zwei Gewohnheiten, die ich nie angenommen habe, sind das Rauchen und das Trinken. Als ich ein junger Kerl war, haben mich meine Karatelehrer vor beidem gewarnt, und ich bin diesem Ratschlag treu gefolgt. «Wenn du mit zehn Kumpels zusammen bist», sagte einer meiner Lehrer, «oder zwanzig oder fünfzig, so vergiss niemals, dass sie sich alle in Feinde verwandeln können, wenn sie betrunken sind. Solltest du trinken, so behalte dies immer im Gedächtnis.»

Eine meiner lebenslangen Gewohnheiten ist es, ein tägliches Bad zu nehmen, aber anders als die meisten meiner Landsleute ziehe ich mäßig warmes Wasser sehr heißem vor. Auch mag ich es nicht, lange im Wasser zu liegen. Früher, als ich noch in das öffentliche Bad ging, bot mir der Bademeister oft eine Massage an, aber ich fand, dass es mich kitzelte, und so bat ich ihn bald, aufzuhören. Heute fragen mich die jungen Leute in meiner Familie, ob ich eine Massage möchte, aber ich lehne ab und erkläre ihnen, dass meine Muskeln trotz meines hohen Alters in einem ausgezeichneten Zustand sind.

Und das stimmt, obwohl Fremde, die mich laufen sehen, dies nicht glauben würden, da ich immer noch jene Art von gleitendem Schritt verwende, die wir *suriashi* nennen und die in meiner Jugendzeit Mode war. Junge Leute, die diese altmodische Angewohnheit nicht kennen, mögen glauben, ich sei schwach in den Knien, aber sie irren sich.

Ich reise allein und mache zum Beispiel gelegentliche Ausflüge nach Kamakura. Ich benötige keine Hilfe beim Einsteigen oder beim Verlassen von Zügen, und ich finde es wirklich bedauerlich, dass die Universitäten immer einen Wagen schicken, wenn ich unterrichte. Bedauerlich ist auch der Umstand, dass, wenn ich auf einer meiner einsamen Spritztouren einen ehemaligen Schüler von mir treffe, dieser darauf besteht, mich zu meinem Bestimmungsort zu bringen. Das ist natürlich sehr freundlich, aber obwohl mein Haar weiß ist und ich in einem Jahrzehnt ein Hundertjähriger sein werde, benötige ich niemandes Hilfe.

Meine Hauptsorge ist, dass mein Gedächtnis nicht mehr so scharf ist, wie es früher einmal war. Ich vergesse manchmal etwas und mache dumme Fehler, wie zum Beispiel an einer falschen Bahnstation auszusteigen, aber junge Leute begehen manchmal die gleichen Fehler, und so weigere ich mich, dies als ein Zeichen von Senilität zu werten.

Dieses schlechte Gedächtnis erstreckt sich auch auf die Studenten der verschiedenen Karateabteilungen der Universitäten. Es sind so viele! Und manchmal vergesse ich nicht nur ihre Namen, sondern auch, welche Universität sie besuchen. Während sie noch Studenten sind und ihre Uniform tragen, ist es noch ziemlich einfach, aber das ändert sich, wenn sie Examen machen und dann normale Kleidung tragen.

Manchmal besuchen mich Männer, die ich vor Jahrzehnten unterrichtet habe, wenn sie nach Tōkyō kommen. Selbstverständlich erinnern sie sich lebhaft an mich, aber die Zahl meiner ehemaligen Schüler geht in die Zehntausende. So weiß ich oft nicht, wie ich sie anreden soll und muss auf die Standardphrase «Wie groß du geworden bist!» zurückgreifen.

Dann stoßen mich die jüngeren Mitglieder meiner Familie an und murmeln: «Großvater, dein Gast ist ein freundlicher und wohlhabender Herr. Glaubst du nicht, dass es ziemlich unhöflich ist, ihm zu sagen, er sei erwachsen geworden?» Aber ob ich mich nun genau an ihn erinnere oder nicht, ich freue mich immer, Besuche meiner ehemaligen Schüler zu erhalten, und ich bin äußerst dankbar, dass sie bei der Verbreitung des Karatedō geholfen haben.

In der Gesellschaft junger Karate-Anhänger zu sein ist für mich eine meiner Hauptfreuden. Vor vier oder fünf Jahren wurde ich von solch einer Gruppe nach Shimoda in Izu eingeladen. Ich nahm den Zug nach Izu und dann den Bus, und als meine jungen Gastgeber mich abholten, erwarteten sie wahrscheinlich, mich todmüde anzutreffen.

Mit großer Sorge begleiteten sie mich zu meinem Hotel, wo für mich ein Zimmer im Erdgeschoss reserviert worden war. Ich bat den Hotelbesitzer stattdessen um ein Zimmer im Obergeschoss, wegen der besseren Aussicht und, wie ich ihm sagte, weil ich mich dort beim Aufwachen besser fühlen würde. Er war froh, mir diesen Gefallen tun zu können, aber dies wurde zu einer weiteren Sorgenquelle sowohl für meine jungen Gastgeber als auch für das Hotelpersonal, da alle befürchteten, ich könnte auf meinem Weg nach unten stolpern und fallen. Und so musste ich ihnen demonstrieren, dass ein Mann von neunzig Jahren Treppen hinauf- und auch wieder hinuntersteigen kann.

Die Einwohner der Stadt glaubten, wie ich erfuhr, ich sei mindestens zwanzig Jahre jünger, als ich tatsächlich war, und der ganze Besuch in Shimoda war wirklich sehr angenehm. Meine Gastgeber schienen ihn genauso zu genießen wie ich. Die Erinnerung an diese lächelnden Gesichter, die mich auf dem gesamten Rückweg begleitete, zeigte mir, dass mein Lebenswerk noch lange nicht beendet ist. Obwohl das Karatedō große Fortschritte gemacht hat, ist es noch lange nicht so populär, wie ich gern möchte. Und so muss ich anscheinend noch länger weiterleben, um die Vollendung der von mir vor langer, langer Zeit begonnenen Arbeit zu erleben.

Höflichkeit

Manche jungen Karate-Anhänger glauben, Karate könne man nur durch einen Ausbilder in einem Dōjō erlernen, aber solche Leute sind reine Techniker, keine wahren Karateka. Es gibt einen buddhistischen Spruch, dass «jeder Ort ein Dōjō sein kann», und das ist ein Spruch, den niemand, der dem Weg des Karate folgen will, vergessen darf. Karatedō ist nicht nur der Erwerb besonderer Verteidigungsfähigkeiten, sondern auch das Meistern der Kunst, ein gutes und ehrbares Mitglied der Gesellschaft zu sein.

Wir grüßen unsere Freunde, indem wir «Guten Morgen» und «Guten Abend» sagen, und wir machen Bemerkungen über das Wetter. Dies ist ganz normal, und wir denken kaum darüber nach, aber sollten wir nicht an etwas Wichtigeres denken? In unserer heutigen Zeit des Liberalismus und der Demokratie werde ich zweifellos des Konservativismus bezichtigt und sogar als reaktionär angesehen, wenn ich vorschlage, dass die Höflichkeit, die wir unseren Nachbarn und Bekannten erweisen, auch auf die Mitglieder unserer Familie ausgedehnt werden sollte. Das ist es in der Tat, was ich glaube – dass wir uns mehr um unsere Eltern und Großeltern, unsere Brüder und Schwestern kümmern sollten. Das ist so offensichtlich, dass wir es oft vergessen.

Besonders die Jüngeren sollten sich mehr um ihre Familie kümmern, und das ist anscheinend etwas, was nicht nur für Möchtegern-Karateka, sondern für jedes Mitglied der menschlichen Rasse wichtig ist. Der Geist des wahren Karateka sollte von solcher Sorge durchdrungen sein, bevor er seine Aufmerksamkeit seinem Körper und dem Verfeinern seiner Technik zuwendet. Liebe zum Karate, Liebe zu sich selbst, Liebe zur Familie und zu Freunden: Alles führt letztlich zur Liebe des eigenen Landes. Das wahre Verständnis des Karate kann nur durch solche Liebe erreicht werden.

Nehmen wir zum Beispiel das normalste tägliche Ereignis: den Besuch des öffentlichen Bades. Ich wage zu behaupten, dass jeder bereits die unliebsame Erfahrung gemacht hat, dass die Badewanne, die er gerade benutzen will, noch halb voll mit schmutzigem Wasser ist, was bedeutet, dass er sie, bevor er sie selbst benutzt, erst von dem Schmutz seines Vorgängers reinigen muss. Die Person vor ihm war sicher jemand, dem es an der einfachsten Höflichkeit mangelte. Manche Leute bringen ihre Handtücher mit in das gemeinsame Becken und gehen so weit, sich in dem Wasser zu waschen, in dem andere Leute liegen. Manche Männer, die sich rasieren wollen, stellen fest, dass der Spiegel gerade von jemandem anders benutzt wird, und fangen deshalb mit dem gefährlichen Geschäft an, sich zu rasieren, ohne überhaupt sehen zu können, was sie tun. Jeder höfliche Mensch wird, nachdem er sich angezogen hat, die vier oder fünf Schritte tun, die nötig sind, um den Korb, der seine Kleider enthielt, wieder an seinen normalen Platz zurückzustellen, und dies nicht dem Badewärter überlassen. Das öffentliche Bad ist einer der besten Plätze der Welt, wo jemand im täglichen Leben zeigen kann, was er wirklich ist.

Ich weiß nicht mehr, wie lange es her ist, dass ich die Autobiografie von Noma Seiji, dem Gründer des Verlages Kodansha las, aber ich habe das Buch nicht vergessen, und ich gebe zu, dass ich viel daraus gelernt habe.

Eine Passage hat mich besonders berührt: «Ich ging jeden Abend ins öffentliche Bad», schrieb er. «Wann immer ich eintrat, begrüßte mich der Badewärter mit ‹Willkommen›, und wenn ich ging, verabschiedete er mich mit ‹Vielen Dank›. Lange Zeit habe ich auf seine Begrüßung nicht geantwortet, aber plötzlich erkannte ich, dass dies doch eigentlich höflich wäre.»

Er fuhr fort die Wichtigkeit zu betonen, immer auf solche Grüße zu antworten, und ich beschloss, seinen Ratschlag noch am selben Tag in die Praxis umzusetzen. Als ich das Badehaus betrat, hörte ich ein Willkommenswort, worauf ich lächelte und mit «Guten Abend» antwortete. Der Badewärter, der ziemlich überrascht von meiner unerwarteten Antwort war, erwiderte mein Lächeln. Als ich ging, sagte ich «Gute Nacht» auf sein «Dankeschön». Danach wurden er und ich recht freundlich zueinander. Der Ton seiner Stimme, der zuvor nur oberflächlich gewesen war, wurde wärmer und persönlicher, und der Besuch des Bades wurde für mich bald mehr als nur tägliche Routine.

Eines der Dinge, die ich immer meinen neuen Schülern sage, ist, dass jemand, der nur an sich denkt und taktlos gegenüber anderen ist, auch unfähig ist, Karatedō zu lernen. Ernsthafte Schüler der Kunst sind, so habe ich herausgefunden, auch untereinander äußerst taktvoll. Auch beweisen sie die große Standhaftigkeit, die nötig ist, wenn man Karate die erforderliche lange Zeit studieren will.

Jedes Jahr im April schreibt sich eine große Zahl neuer Studenten in die Karateklassen der Sportabteilungen an den Universitäten ein, die meisten glücklicherweise mit dem doppelten Zweck, sowohl ihre geistigen als auch ihre körperlichen Fähigkeiten zu verbessern. Trotzdem gibt es immer welche, die Karate nur lernen wollen, um es in einem Kampf zu verwenden. Aber sie verschwinden unvermeidlich vor Ablauf eines halben Jahres wieder aus den Kursen, da es für jeden jungen Menschen mit solch einer dummen Einstellung völlig unmöglich ist, das Karatetraining über längere Zeit durchzuhalten. Nur solche mit einem höheren Ideal werden Karate interessant genug finden, um die Härten auf sich zu nehmen, die das Training mit sich bringt. Diejenigen, die trotzdem dabei bleiben, werden feststellen, dass die Kunst immer faszinierender wird, je härter sie trainieren.

Um es deutlich zu sagen: Der beste Weg zum Verständnis des Karatedō führt nicht nur über das bloße Üben der Kata, sondern über ein Verständnis der Bedeutung, die den verschiedenen Kata innewohnt. Da ich jedoch die Kata ausführlich in dem Band *Karatedō kyōhan* behandelt habe und sie daher nicht Gegenstand dieses Buches sind, möchte ich hier nur sechs Regeln erwähnen, deren genaue Befolgung für jeden unerlässlich ist, der sich um ein vollkommenes Verständnis der Kunst bemüht.

(1) *Betreibe das Karatetraining ganz und gar ernsthaft.* Wenn ich das sage, so meine ich nicht, dass man fleißig und ehrgeizig üben soll. Ich meine damit, dass der Gegner immer im Geist gegenwärtig sein muss, gleichgültig, ob man sitzt, steht, läuft oder seine Arme hochhebt.

Wenn man im Kampf einen Karateschlag einsetzt, muss man sich darüber klar sein, dass dieser eine Schlag alles entscheidet. Wenn man einen Fehler gemacht hat, wird man derjenige sein, der verliert. Man muss immer auf solch eine Möglichkeit vorbereitet sein.

Man kann lange Zeit trainieren, aber wenn man dabei nur lernt, seine Arme und Beine zu bewegen und auf und ab zu hüpfen wie eine Puppe, so unterscheidet sich das Karatetraining nicht sehr vom Tanzunterricht. So erreicht man das Wichtigste nicht; man hat die Essenz des Karatedō verpasst. Vollkommene Aufmerksamkeit ist nicht nur für einen Schüler des Karatedō, sondern auch im täglichen Leben äußerst wichtig, da das Leben immer ein Kampf ums Überleben ist. Kaum jemand, der so gleichgültig ist, anzunehmen, er hätte nach einem Fehlschlag eine zweite Chance, wird viel Erfolg im Leben haben.

(2) *Trainiere sowohl mit dem Herzen als auch mit der Seele und kümmere dich nicht um die Theorie.* Sehr oft wird jemand, dem diese Fähigkeit der vollkommenen Ernsthaftigkeit fehlt, seine Zuflucht zu Theorien nehmen. Nehmen wir zum Beispiel an, jemand trainiert

seit ein paar Monaten eine bestimmte Kata und sagt dann mit einem erschöpften Seufzer: «Egal wie hart ich übe, ich kann diese Kata nicht meistern. Was soll ich nur tun?» Ein paar Monate! Wie kann er eine Kata in ein paar Monaten meistern wollen?

Kibadachi (die «Reiterstellung») zum Beispiel sieht sehr einfach aus, richtig ist aber, dass niemand es beherrschen kann, auch wenn er ein ganzes Jahr jeden Tag übt, bis ihm seine Füße so schwer werden wie Blei. Welch ein Unsinn ist es dann, wenn sich jemand nach ein paar Monaten des Übens beschwert, er könne eine Kata nicht beherrschen!

Richtiges Üben geschieht nicht mit Worten, sondern mit dem ganzen Körper. «Andere haben die Kata, die du übst, gemeistert. Warum schaffst du es nicht? Machst du etwas falsch?» Das sind die Fragen, die man sich stellen muss; dann muss man trainieren, bis man vor Erschöpfung zusammenbricht, und dann muss man sofort nach den gleichen Richtlinien weitertrainieren. Was man aus den Worten anderer lernt, wird man sehr schnell wieder vergessen; was man mit seinem ganzen Körper gelernt hat, daran wird man sich sein Leben lang erinnern.

Karatedō beinhaltet eine große Anzahl von Kata, Basiswissen und Techniken, sodass kein Mensch alles in kurzer Zeit erlernen kann. Außerdem wird man sich, wenn man nicht die Bedeutung jeder Technik und jede Kata versteht, niemals an all die verschiedenen Kenntnisse und Techniken erinnern können, gleichgültig wie hart man übt. Alle sind miteinander verknüpft, und wenn man nicht jede vollkommen versteht, wird man auf lange Sicht gesehen scheitern.

Aber wenn man einmal eine Technik völlig zu beherrschen gelernt hat, wird man den Zusammenhang mit anderen Techniken erkennen. Man wird, mit anderen Worten, zu der Einsicht gelangen, dass jede der etwa zwanzig Kata auf ein paar wenige grundlegende zurückgeführt werden können. Wenn man deshalb eine Kata ganz gemeistert hat, wird man bald auch die anderen verstehen können, selbst wenn man nur zuschaut, wie sie vorgeführt werden, oder wenn man sie während eines Unterrichts gezeigt bekommt.

Ich möchte an dieser Stelle eine alte Geschichte erzählen, die, so glaube ich, meinen Standpunkt recht gut verdeutlicht. Sie handelt von einem sehr bekannten Balladen- und Dramenerzähler, der, als er in seiner Jugend diese Kunst erlernte, einen sehr strengen Meister hatte. Tag für Tag, Woche für Woche, Monat für Monat, ja schließlich Jahr für Jahr musste der junge Mann immer die gleiche Stelle aus dem *Taikōki* («Die Geschichte des Hideyoshi Toyotomi») rezitieren, ohne dass ihm je erlaubt wurde, etwas anderes zu versuchen.

Schließlich überwältigte den jungen Mann (der, wenn ich mich richtig erinnere, später der berühmte Meister Kōshiji werden sollte) die Verzweiflung. Da er überzeugt war, nicht für den Beruf geeignet zu sein, lief er eines Nachts aus dem Haus seines Lehrers fort, um nach Edo, der Hauptstadt des Shōgun, zu gehen und dort einen anderen Beruf anzunehmen.

Wie er auf der Tōkaidō-Straße dahinwanderte, hielt er eines Tages an einem Gasthaus in der Präfektur Shizuoka, wo, wie das Schicksal es wollte, gerade an diesem Abend ein Erzählwettstreit abgehalten wurde. Da er nichts zu verlieren hatte, beteiligte sich Kōshiji an dem Wettbewerb und rezitierte natürlich die Passage aus dem *Taikōki*, die er so genau kannte. Nachdem er geendet hatte, drückte ihm der Sponsor des Wettkampfes seine Bewunderung aus: «Das war wunderbar!», erklärte er. «Sagt mir, wer Ihr seid, da ich sicher bin, Ihr seid ein sehr berühmter Meister.»

Der junge Kōshiji freute sich über dieses Lob, war aber gleichzeitig verwirrt, zugeben zu müssen, dass er ein reiner Anfänger sei. Sein erstaunter Zuhörer antwortete: «Ich kann das kaum glauben. Ihr habt heute Abend wie ein berühmter Meister vorgetragen. Unter wem studiert Ihr denn?»

Darauf erzählte Kōshiji seine Geschichte, wie er davongelaufen ist, weil sein Meister so anspruchsvoll war.

«Ach, was habt Ihr für einen schrecklichen Fehler gemacht!», rief der Mäzen. «Es liegt nur an diesem anspruchsvollen Lehrer, dass Ihr heute Abend so wunderbar rezitieren konntet, nach nur wenigen

Jahren der Übung. Wenn Ihr meinen Rat annehmt, so geht sofort zu Eurem Lehrer zurück, entschuldigt Euch und bittet ihn, Euch wieder zu unterrichten.»

Dies tat der junge Kōshiji und wurde noch vor seinem Tod der berühmteste Meister seiner Zeit.

Ich erzähle diese Geschichte natürlich nicht, um Erzähler von Balladen und Geschichten zu inspirieren, genauso wenig wie Möchtegern-Karateka; ich erzähle sie, weil sie wie so viele Geschichten direkt auf das Leben selbst anwendbar ist.

[(3) Obwohl Meister Funakoshi von sechs Regeln spricht, fehlt unerklärlicherweise die Nummer drei.]

(4) *Sei weder eingebildet noch dogmatisch.* Jemand, der in großen Tönen angibt oder die Straße herabstolziert, als ob sie ihm gehören würde, wird niemals wahren Respekt ernten, obwohl er vielleicht wirklich sehr fähig im Karate oder einer anderen Kampfkunst ist.

Es ist sogar noch absurder, wenn man die Selbstbeweihräucherungen von jemandem hört, der dieses Können gar nicht besitzt. Im Karate ist es normalerweise der Anfänger, der der Versuchung nicht widerstehen kann, anzugeben oder sich herauszustellen; aber indem er dies tut, entehrt er nicht nur sich, sondern auch die von ihm erwählte Kunst.

(5) *Versuche dich selbst zu erkennen und das Gute in der Arbeit anderer anzunehmen.* Als Karateka wird man selbstverständlich oft andere üben sehen. Wenn man dabei starke Punkte in den Vorführungen anderer entdeckt, so soll man, wenn möglich, diese in die eigene Technik aufnehmen.

Gleichzeitig sollte man sich, wenn man bemerkt, dass der Übende nicht sein Bestes gibt, fragen, ob man es nicht ebenfalls an Fleiß fehlen lässt. Jeder von uns hat gute und schlechte Eigenschaften; der weise Mann versucht den guten Eigenschaften, die er an anderen bemerkt, nachzueifern, und die schlechten zu vermeiden.

(6) *Halte an den ethischen Regeln des täglichen Lebens fest, in der Öffentlichkeit wie auch im Privaten.* Dies ist ein Prinzip, das man genauestens befolgen sollte. In den Kampfkünsten, besonders im Karatedō, machen viele Neulinge große Fortschritte, und manche werden eines Tages bessere Karateka als ihre Ausbilder sein.

Viel zu oft höre ich Lehrer von ihren Schülern als von *oshi'ego* («Schüler»), *montei* («Lehrling»), *deshi* («Jünger») oder *kōhai* («Junior») sprechen. Ich glaube, solche Begriffe sollte man vermeiden, da vielleicht einmal die Zeit kommen wird, da der Schüler den Lehrer überholt.

Der Ausbilder geht gleichzeitig, wenn er solche Ausdrücke benutzt, das Risiko der Selbstzufriedenheit ein und damit auch die Gefahr, dass eines Tages der junge Mann, von dem er so leichtfertig gesprochen hat, ihn nicht nur einholen, sondern in der Kunst des Karate oder auf irgendeinem anderen Gebiet des menschlichen Lebens überholen wird.

Die beliebte Fabel von der Schildkröte und dem Hasen bezieht sich nicht nur auf Kinder. Ich erzähle meinen jungen Kollegen, dass niemand im Karate Perfektion erreichen kann, bevor er nicht letztlich zu der Einsicht gelangt, dass es mehr als alles andere ein Glaube, eine Lebensphilosophie ist.

Wenn jemand sich auf eine Unternehmung einlässt, so betet er glühend um Erfolg darin. Weiterhin weiß er, dass er die Hilfe anderer benötigt; Erfolg erreicht man nicht allein. Im Karatedō erlangt er dadurch, dass er anderen Hilfe anbietet und sie von anderen annimmt, die Fähigkeit, die Kunst zu einem Glauben zu veredeln, durch den sowohl der Körper als auch der Geist vervollkommnet werden kann und er zum wahren Verständnis des Karatedō kommen wird.

Ich wäre froh, wenn ich mich irren würde, aber ich fürchte, ich tue es nicht, da ich in letzter Zeit viel zu viele junge Karateschüler Ausdrücke wie *jitsuryoku-gata* («ein wirklich fähiger Mann») oder *sentō-gata* («ein Mann der Schlacht») oder *jissen-gata* («ein Mann des echten Kampfes») habe verwenden hören. Diese Ausdrücke sind absolut kindisch und bezeugen ein vollkommenes Missverständnis der wahren Bedeutung des Karatedō.

Da Karatedō auf eine Vervollkommnung sowohl des Geistes als auch des Körpers abzielt, sollte man niemals Ausdrücke damit in Verbindung bringen, die nur den körperlichen Aspekt berücksichtigen. Wie der buddhistische Heilige Nichiren so klar gesagt hat, sollte jeder, der die Sūtren studiert, sie nicht nur mit den Augen des Kopfes, sondern auch mit den Augen der Seele lesen. Dies ist eine Ermahnung, die ein Schüler des Karatedō niemals vergessen sollte.

Meine Übertretung einer Regel

Ich muss nun zugeben, dass auch ich einmal von den Regeln abgewichen bin. Dieses besondere Ereignis trug sich ein paar Jahre nach dem Ende des Krieges im Pazifik zu.

Da ich damals nur ungefähr achtzig Jahre alt war, war ich noch ein wenig aktiver und ging daher eines Tages zu einer Gedichtlesung nach Tamagawa. Da es dort viel zu trinken gab (um einen Jahrestag zu begehen), dauerte die Gesellschaft ziemlich lange, und ich erwischte gerade noch den letzten Zug zurück nach Tōkyō.

Japan befand sich damals noch im Nachkriegs-Chaos, und man warnte die Leute, dass es gefährlich sei, in der Dunkelheit allein spazieren zu gehen. Aber ich entschied, dass niemand einen alten Mann wie mich belästigen würde, und so machte ich mich, nachdem ich an der Bahnstation Ōtsuka ausgestiegen war, auf den Weg nach Hause. Dieser Teil Tōkyōs war zerstört und verlassen, und das Haus, in dem ich lebte und das zum Glück verschont worden war, lag noch ein wenig entfernt. Da es nun zu regnen begann, stellte ich meinen Mantelkragen auf, öffnete meinen Schirm und begann loszugehen.

Der Vorfall, von dem ich erzählen möchte, ereignete sich irgendwo zwischen Ōtsuka und Hikawashita; es begann damit, dass eine schwarz gekleidete Gestalt plötzlich hinter einer Telefonzelle hervorsprang.

«Hallo, Großvater!», rief der Mann und griff nach meinem Schirm. Da ich glaubte, es sei ein Freund oder Bekannter, trat ich höflich zurück und nahm meinen Hut ab, um mich zu verbeugen.

Dies schien ihn zu erstaunen. Nach einem Augenblick der Stille sagte er mit ziemlich unsicherer Stimme: «Wie wärs mit einer Zigarette, Großvater?»

Ich erkannte nun, dass er ein Dieb war, aber am Klang seiner Stimme stellte ich auch fest, dass er ein rechter Amateur sein müsse, ein Neuling in diesem Geschäft, der nur vorgab, gefährlich zu sein.

«Ich rauche nicht», antwortete ich.

Ich sollte dem Leser erklären, dass ich niemals eine Tasche trage. Alles, was ich in dieser Nacht, eingewickelt in mein *furoshiki*, bei mir hatte, war meine leere Essensdose und ein paar Bücher.

«Wieso lügst du, Großvater?», fragte der Mann. «Du hast doch ein paar Zigaretten in deinem Furoshiki.»

«Ich habe Euch bereits gesagt, dass ich nicht rauche. Würdet Ihr mich nun freundlicherweise vorbeigehen lassen?»

«Absolut nicht!», schrie der Mann. «Öffne dein Furoshiki und lass sehen, was darin ist!»

«Es ist nichts darin, was auch nur den geringsten Wert hätte», sagte ich.

«Das sagst *du*!» Damit riss der Mann mir meinen Schirm aus der Hand, und es sah für mich so aus, als ob er mich damit schlagen wollte.

Seine Stellung war voller Öffnungen. Als er mit dem Schirm nach mir schlug, duckte ich mich und packte mit der rechten Hand seine Hoden. Der Schmerz muss zweifellos kaum auszuhalten gewesen sein. Der Schirm fiel auf den Boden, und der Mann selbst, nachdem er einen kurzen Schrei ausgestoßen hatte, sah so aus, als würde er in Ohnmacht fallen.

Gerade in diesem Moment kam glücklicherweise ein Streifenpolizist vorbei, und ich übergab den Angreifer seiner Obhut.

Als ich meinen Weg fortsetzte, erkannte ich, dass der Möchtegern-Räuber sicherlich ein Kriegsveteran war, der erst kürzlich von einer entfernten Front zurückgekehrt war. Wohl arbeitslos, hatte er sich spontan entschlossen, mich zu berauben, und ich hatte bei dieser Gelegenheit ebenso spontan genau das getan, wovon ich meinen jungen Schülern immer abrate: Ich war in die Offensive gegangen.

Ich war nicht gerade besonders stolz auf mich.

Karate für jedermann

Eines der überraschenden Dinge am Karate ist, dass es von jedermann ausgeübt werden kann, jung oder alt, stark oder schwach, männlich oder weiblich. Darüber hinaus benötigt man nicht einmal einen Gegner zum Üben. Selbstverständlich wird, je vertrauter man mit der Kunst wird, ein Gegner notwendig, um die Anwendung (*kumite*) und das freie Kämpfen (*jiyū-kumite*) zu üben, aber am Anfang ist ein echter Gegner noch nicht notwendig. Genauso wenig braucht man eine spezielle Kleidung. Nicht einmal ein Dōjō ist notwendig: Man kann Karate im eigenen Hof üben. Natürlich muss jeder, der die Kunst ganz beherrschen will, dies in einem ordentlichen Dōjō tun, aber jemand, der sich nur in Form und seinen Geist fit halten will, kann dies auch erreichen, indem er nur für sich allein übt.

Aus all diesen Gründen finden wir heute viel mehr Frauen als früher, die die Kunst studieren, was, wie ich glaube, sowohl den Frauen als auch dem Karate zum Vorteil gereicht. Aber wenn Frauen, die Karate lernen, dies nicht öffentlich zugeben wollen, so trifft daran auch uns, die wir für seine Verbreitung verantwortlich sind, die Schuld, da wir den Eindruck förderten, dies sei eine Kunst, die nur von Männern ausgeübt werden könne.

Selbst wenn die Allgemeinheit dahin tendiert, schlecht von Frauen zu denken, die Karate üben, so finden die Frauen selbst diese Kunst doch genauso fesselnd wie die Männer. Ein Grund dafür liegt, so glaube ich, darin, dass die Kata grazile Bewegungen enthalten, die jenen beim Tanzen nicht unähnlich sind. Im Fernsehen sehen wir heute etwas, was man als «Schönheitsübungen» für Frauen bezeichnet, und ich dachte mir beim Zuschauen, wie wirkungsvoll unsere Karate-Kata zu diesem Zweck verwendet werden könnten, da man sie überall üben kann.

Manchmal wurde ich gefragt, ob eine Frau, die Karate gelernt hat, nicht versuchen wird, nach der Heirat ihren Mann zu bevormunden. Das Gegenteil wird höchstwahrscheinlich der Fall sein, möchte ich sagen. Eine im Karate trainierte Frau wird alle Anstrengungen unternehmen, ihrem Mann zu gehorchen, weil Karate mit Höflichkeit beginnt und endet. Eine Frau, die dem Karatedō folgt, wird nicht davon träumen, ihren Mann zu dominieren.

Wir wissen sehr gut, dass Karate das Erscheinungsbild von Mädchen und jungen Frauen verbessern kann, weshalb manchmal Eltern ihre Kinder zu mir bringen, um sie unterrichten zu lassen. Oft genug habe ich kränkliche junge Mädchen als Schülerinnen angenommen, um dann zu sehen, wie sie nach sechs Monaten Training ihre Gesundheit wiedererlangten – aber zu diesem Zeitpunkt bedeutete ihnen Karate bereits so viel, dass sie keine Lust hatten, es wieder aufzugeben.

Außerdem ist es eine klare Tatsache, dass eine Frau mit Karatekenntnissen sich sogar gegen einen kräftigen männlichen Angreifer verteidigen kann. Jedoch möchte ich an dieser Stelle wiederholen, dass Karate niemals nur eine brutale Form der Selbstverteidigung ist noch jemals war. Im Gegenteil wird jeder, der die Kunst wirklich beherrscht, darauf achten, nicht an Plätze oder in Situationen zu geraten, wo er oder sie gezwungen sein könnte, sein Können anwenden zu müssen. Ebenso wie ein im Karate trainierter Mann nie Streit suchen wird, wird eine im Karate geübte Frau sich nie in Situationen bringen, in der sie gezwungen wäre, eine Vergewaltigung abzuwehren.

Eines, was ich meinen jungen Schülern oft sage, finden diese sehr verwirrend. «Ihr solltet», sage ich ihnen, «nicht stark, sondern schwach werden.» Dann wollen sie natürlich wissen, was ich damit meine, da ja einer der Gründe, warum sie Karate gewählt haben, in der Absicht bestand, stark zu werden. Es sei doch kaum nötig, so erzählen sie mir, zu trainieren, um schwach zu werden. Dann antworte ich, dass das, was ich gesagt habe, in der Tat nicht leicht zu verstehen sei. «Ich möchte, dass ihr die Antwort in euch selbst findet», sage ich ihnen. «Und ich verspreche euch, eines Tages werdet ihr mich verstehen.»

Ich bin überzeugt, dass dies geschehen wird. Ich bin überzeugt, dass junge Leute, die Karate mit ganzem Herzen und ganzer Seele praktizieren, schließlich zum Verständnis meiner Worte gelangen werden. Der, der seine Schwächen kennt, wird in jeder Situation seiner selbst sicher sein; nur ein wahrer Schwächling ist fähig, wahren Mut zu entwickeln. Natürlich muss ein Karateschüler seine Technik durch Training verfeinern, aber er darf nie vergessen, dass er nur durch Training fähig sein wird, seine Schwächen zu erkennen.

Viele Waffen

Viele Leute erliegen der irrigen Meinung, dass nur die Hände (geballt oder offen), die Arme, Füße und Beine Karatewaffen seien. Es ist jedoch keine Übertreibung, zu behaupten, dass jeder Teil des Körpers, vom Scheitel bis zur Sohle, als Waffe gebraucht werden kann. Zum Beispiel gibt es im Bereich der Hand mindestens zehn verschiedene potenzielle Waffen: *seiken* (normale Faust), *uraken* (Faustrücken), *shuken* (Hand-Faust), *ippon-ken* (Ein-Punkt-Faust), *chūkōken* (eine andere Art der Ein-Punkt-Faust), *tettsui* (Hammer-Faust), *shutō* (Schwerthand), *nukite* (Speerhand), *ippon nukite* (Ein-Finger-Speerhand) und *nihon nukite* (Zwei-Finger-Speerhand). Und im Bereich des Fußes: *koshi* (Fußballen), *shusoku* («Fußhand»), *sokutō* (Schwertfuß), *tsumasaki* (Zehenspitzen), *enju* (Ferse) und *sokkō* (Fußrist). Andere Teile der Arme und Beine, die als Waffen gebraucht werden, sind Handgelenk, Ellbogen und Knie. Es gibt fast keinen Teil des Körpers, den man nicht als Waffe einsetzen könnte.

Ich möchte nun ganz kurz beschreiben, welche Teile am häufigsten benutzt werden und auch, wie wirkungsvoll sie sein können. Für diejenigen, die Karate nur als eine Form von Freiübungen betreiben, möchte ich noch kurz beschreiben, wie die betreffenden Teile durch Training gekräftigt werden können.

Wir müssen selbstverständlich mit *seiken*, der normalen Faust, beginnen, da es die grundlegendste aller Karatewaffen ist und die üblichste. Sie wird dadurch gebildet, dass man die vier Finger gegen die Handfläche drückt und dann den Daumen unter den Zeige- und Mittelfinger schiebt. Sollte man den Daumen weiterschieben, so kann er verletzt werden, wenn man mit *seiken* einen Stoß ausführt; deshalb muss man darauf achten, den Daumen nie weiter als bis zum Mittelfinger zu schieben.

Die Knöchel formen eher einen spitzen als einen rechten Winkel. Am Anfang fällt es schwer, solch eine Faust zu formen, und so ermüdet die Hand nach wenigen Augenblicken, aber mit fortschreitender Übung gewöhnt man sich daran und schließt die Faust noch fester. Weiterhin entwickeln sich die Knöchel sehr stark und bilden dicke Schwielen, während die Grundgelenke der Finger schließlich einen rechten Winkel bilden. Bei besonders durchtrainierten Experten wird der Winkel spitz.

Eine gute Gelegenheit *seiken* zu üben hat man, wenn man in der Badewanne sitzt. Man reibt seine Hände mit Seife ein, um sie schlüpfrig zu machen, und übt dann so oft wie möglich das Zusammenballen und Entspannen der Fäuste in der beschriebenen Weise.

Der Neuling wird feststellen, dass seine Faust am Handgelenk einknickt, wenn er einen *seiken*-Stoß ausführen will. Ein Stoß mit geknicktem Handgelenk ist nie sehr wirksam. Außerdem besteht die Gefahr, dass man beim Ausführen solch eines Stoßes sein Handgelenk verletzt.

Richtig ausgeführt trifft beim *seiken*-Stoß der Knöchel des Mittelfingers den Gegner in einer geraden Linie und mit der ganzen Kraft des Armes. *Seiken* kann man vollkommen zutreffend als das

Herz des Karate bezeichnen, und deshalb sollte man es jeden Tag gewissenhaft üben. Bis diese Form wirklich wirksam ist, bleibt jede Kata und jedes Kumite wertlos.

Die verbreitetste Art *seiken* zu üben besteht in der Verwendung eines *makiwara*, eines dicken Pfostens, der mit Reisstroh umwickelt ist. Das Makiwara kann auch benutzt werden, um die Schwerthand (*shutō*) oder auch Ellbogen und Knie zu stärken. Ich glaube keineswegs zu übertreiben, wenn ich behaupte, dass das Üben am Makiwara die Voraussetzung für das Heranbilden starker Waffen ist.

Ungefähr 2,10 m lang und 15 Zentimeter breit, wird es fest im Boden verankert, sodass das obere Ende die Schulterhöhe des Übenden erreicht. Dann wickelt man Reisstroh um das obere Ende, bis es eine Dicke von fünf bis sechs Zentimetern hat; gehalten wird das Stroh von dünnen Kordeln. Anfangs wird der Neuling, der auf diesen mit Stroh umwickelten Pfahl schlägt, beträchtliche Schmerzen empfinden, und daher empfehle ich, zusätzlich ein Handtuch über das Stroh zu wickeln.

Wenn das Makiwara hergerichtet ist, stellt sich der Übende in halb seitlicher Stellung (*hanmi*) davor, wobei er sich vergewissert, dass die Entfernung kurz genug ist, damit seine Faust das Ziel erreicht. Er nimmt eine tiefe Stellung ein, mit gebeugten Knien und gesenkter Hüfte. Er hält seine linke Hand geschlossen, ungefähr 15 Zentimeter vor dem Makiwara, und die rechte Hand, mit dem Handrücken nach unten und ebenfalls geschlossen, an der Hüfte. Seine Augen sind auf das Makiwara gerichtet und seine Kraft ist in seinem Unterbauch, dem *tanden*, konzentriert. Der strohumwickelte Teil des Makiwaras sollte auf einer Höhe mit seiner Brust sein, denn wenn er höher wäre, müsste der Übende hochspringen und würde so an Kraft verlieren.

Der wichtigste Punkt ist die Stellung: Die Beine müssen das Gefühl vermitteln, fest im Boden verwurzelt zu sein. Nun zum Stoß selbst. Man stößt die geballte rechte Faust, die nahe am Körper war, vorwärts; gleichzeitig dreht man die rechte Hüftseite mit aller Kraft zum Ziel, während man die geschlossene linke Faust, die sich in der

Nähe des Makiwaras befand, zur linken Seite zurückzieht. Während man den Stoß ausführt, sollte man die rechte Faust im Moment des Auftreffens schnell und korkenzieherartig drehen. Mit anderen Worten: Es ist eigentlich ein «Korkenzieherstoß», und gerade dies macht ihn tödlich. Da er sehr schwer zu beherrschen ist, muss man ihn immer wieder üben.

Ich würde vorschlagen, dass der Anfänger zunächst nur leicht auf das Makiwara stößt und seine Kraft langsam steigert, bis sich seine Faust an den Aufprall gewöhnt hat. Schließlich wird er in der Lage sein, mit all seiner Kraft zu stoßen. Selbst wenn der Anfänger nur leicht auf das Makiwara stößt, wird er Schmerzen in der Faust spüren oder das Ziel nur streifen (obwohl er nur einen Meter entfernt steht), wodurch er sich Schürfwunden und Schwellungen an der Hand zuziehen kann. Die Schwellung wird dadurch gemindert, dass man die Hand in Eiswasser taucht, aber eine Hautabschürfung erfordert natürlich den Abbruch des Trainings, bis die Wunde verheilt ist.

Um zwei oder drei wichtige Punkte bezüglich *seiken* zu wiederholen: Die Stellung muss tief sein, man muss die Hüfte schnell drehen, und die Faust muss alle Kraft, der der Körper fähig ist, zur Wirkung bringen. Ein Weiteres: Wer damit prahlt, auf seinen Knöcheln habe sich Hornhaut gebildet, hat den wahren Geist des Karatedō noch nicht verstanden. Außerdem benötigt niemand, der Karate nur als körperlichen Ausgleich benutzt, überhaupt ein Makiwara: Er mag üben und alle nötigen Handlungen ausführen, ohne dass er jemals einen echten Schlag ausführt.

Außer dem *seiken* ist auch jener Schlag wichtig, den man mit dem Faustrücken ausführt (*uraken*) und bei dem nur die Knöchel des ersten und zweiten Fingers den Gegner treffen. Wenn man jedoch am Makiwara trainiert, sollte man darauf achten, dass die Knöchel aller vier Finger das Ziel treffen. *Uraken* ist sehr effektiv, um den Gegner am Gesicht oder unter den Achseln zu treffen oder um die Körperseite zu erreichen, sollte er von der Seite angreifen.

Dann gibt es noch die Hammer-Faust (*tettsui*). Der Daumen wird unter die beiden Finger gedrückt wie beim *seiken*, aber der auftreffende Teil der Faust ist ein anderer. Hier ist es die Außenseite der Handfläche zwischen dem kleinen Finger und dem Handgelenk. Viele behaupten, dies sei kein wirkungsvoller Schlag, aber ich kann meinen Lesern versichern, dass ein durch das Makiwara vollends entwickelter *tettsui*-Schlag eine sehr wirksame Waffe ist. Dies besonders, da der Teil, der das Ziel trifft, sehr weich ist und deshalb kaum verletzt werden kann, gleichgültig wie hart das Ziel ist. Aus diesem Grund ist *tettsui* eine sehr effektive Waffe, wenn man zum Beispiel das Handgelenk oder andere Gelenke des Gegners treffen will.

Die Speerhand ist eine Waffe, die den Gegner durchdringen kann, indem sie die Fingerspitzen verwendet. Beim *shihon nukite* benutzt man alle vier Finger, beim *nihon nukite* zwei und beim *ippon nukite* einen. Der Daumen ist zur Handfläche hin gebeugt, während die Finger gestreckt sind und eng aneinandergehalten werden. Wer mit diesem Stoß nicht vertraut ist, mag annehmen, dass die Finger dabei ernsthaft verletzt werden könnten, aber richtig ist, dass bei genügender Übung *nukite* eine sehr wirkungsvolle Waffe sowohl gegen das Gesicht als auch gegen den Solarplexus darstellt.

Shutō, die Schwerthand, die ich bereits kurz beschrieben habe, hat zahlreiche Anwendungen. Sie wird genauso wie *shihon nukite* gebildet, bis auf den Unterschied, dass die Schlagfläche von der weichen Außenseite der Handfläche gebildet wird. Das Makiwara kann beim Ausbilden dieser Waffe sehr hilfreich sein. Der *shutō*-Schlag wird am wirksamsten gegen den Nacken, die Körperseiten sowie die Arme und Beine eines Gegners eingesetzt.

Enpi bezeichnet die Ellbogen, die manchmal sowohl offensiv als auch defensiv gebraucht werden – wenn der Gegner zum Beispiel versucht uns festzuhalten, wenn er von der Seite oder von vorn angreift, wenn man sich tief duckt, um in seine Verteidigung einzubrechen, oder wenn man den Gegner fasst, um ihn näher zu sich heranzubringen. Die Ellbogen sind wichtig, um das Gesicht oder den Kopf, die Brust, die Seiten oder den Rücken eines Gegners zu treffen. Man kann sie auch verwenden, um die eigene Brust oder die Seiten zu schützen, und falls man zu Boden geworfen wird, sind die Ellbogen nützlich, um nach den Beinen des Gegners zu schlagen. Da die Ellbogenknochen sehr stark sind, können gerade Frauen und Kinder bei genügender Übung höchst wirksamen Gebrauch davon machen.

Bein- und Fußtechniken sind, vorausgesetzt, sie sind schnell genug, mit die wichtigsten Waffen des Karate, da man einen Gegner manchmal damit überraschen kann. Beintechniken dienen meist zum Treten, aber manchmal werden die Beine oder Füße auch zur Abwehr benutzt. Die Beine sind selbstverständlich dicker und stärker als die Arme, aber auch schwieriger zu gebrauchen, wenn die notwendige Übung fehlt. Es gibt dabei aber auch eine ernste Gefahr: Wenn jemand mit einem Bein tritt und sein Ziel verfehlt, so verliert er sein Gleichgewicht und gibt somit seinem Gegner eine Öffnung zu einem Gegenangriff.

Koshi ist ein bestimmter Teil der Fußsohle, der dazu dient, einen frontal gegenüberstehenden Gegner zu treffen. Er ist dem *seiken* ganz ähnlich, aber man muss anmerken, dass, falls der Fuß nicht genügend nach oben gekehrt ist und nicht genügend Kraft im Knöchel liegt, *koshi* zu einer Gefahr für den Ausführenden selbst wird.

Die Ferse (*enju*) ist wirkungsvoll gegen einen Gegner, der von hinten angreift oder uns von hinten fassen will.

Kindheitserinnerungen

Bevor ich diese willkürlichen Betrachtungen über Karatedō und über mein eigenes Leben abschließe, möchte ich über einen anderen Sport Okinawas sprechen, und dies nicht nur, weil er mir in meiner Jugend viel Spaß bereitete, sondern auch, weil ich glaube, dass er mir dabei half, einen starken Körper auszubilden, wie er im Karate so hilfreich ist.

Der Sport, über den ich spreche, ist das Ringen. Man mag einwenden, dass das Ringen in der ganzen Welt verbreitet ist. Kinder beginnen spielerisch zu ringen, sobald sie nur alt genug sind, überhaupt irgendetwas zu spielen. Ja, aber das Ringen in Okinawa hat gewisse Eigenarten. Wie beim Karate liegt sein Ursprung im Ungewissen, und viele Leute in Okinawa glauben, dass ein Zusammenhang zwischen beiden bestanden haben muss.

Der Name für dieses Ringen in Okinawa ist *tegumi*, und wenn man diesen Namen schreibt, so verwendet man die gleichen zwei Schriftzeichen, die für den Karatebegriff *kumite* Verwendung finden, mit dem Unterschied, dass die Zeichen vertauscht sind. Tegumi ist natürlich ein weitaus einfacherer Sport als Karate. Tatsächlich gibt es nur wenige Regeln, dafür aber ein paar Verbote: Der Gebrauch der Fäuste ist verboten, um zum Beispiel den Gegner zu schlagen, und der Gebrauch der Füße zum Treten ebenso. Auch ist es verboten, sich gegenseitig an den Haaren zu packen oder den Gegner zu zwicken. Verboten sind auch die Schwerthand und der Ellbogenschlag, wie sie im Karate verwendet werden.

Entgegen den meisten Formen des Ringens, bei denen die Gegner nur leicht bekleidet sind, bleiben die Teilnehmer beim Tegumi vollständig bekleidet. Weiterhin gibt es keinen speziellen Ring; der Kampf kann überall stattfinden – im Haus oder auf einem nahe gelegenen Feld. Ich sollte hinzufügen, dass unsere Kämpfe in meiner Jugend meist im Freien stattfanden, da unsere Eltern nicht wollten, dass die papiernen Gleittüren oder die *tatami* durch unsere Kämpfe, die meist sehr lebhaft wurden, beschädigt würden. Selbstverständlich mussten wir, wollten wir in einem Feld kämpfen, zuerst die Felsbrocken und Steine wegräumen, die ein Hauptmerkmal der Landschaft Okinawas sind.

Der Kampf beginnt wie beim Sumō damit, dass die beiden Kontrahenten aufeinanderprallen und gegeneinander schieben. Im weiteren Verlauf werden dann Greif- oder Wurftechniken benutzt. Eine, an die ich mich besonders gut erinnere, war dem *ebigatama*, dem Fußblock mit Dreiviertel-Nelson, wie er auch im heutigen Wrestling verwendet wird, sehr ähnlich. Wenn ich heute im Fernsehen einen Wrestlingkampf sehe, werde ich oft an das Tegumi meiner Jugendzeit in Okinawa erinnert.

Die Schiedsrichter waren gewöhnlich Jungen, die gleichzeitig als Sekundanten für die beiden Kontrahenten agierten; ihre Hauptaufgabe war es, zu verhindern, dass einer der beiden Kämpfer ernsthaft verletzt oder bewusstlos geschlagen wurde. Wenn ein Junge glaubte, er habe genug, so war alles, was er tun musste, seinem Gegner auf den Körper zu klopfen, und der Kampf war beendet. Manche waren jedoch so verbissen, dass sie weiterkämpften, bis sie k. o. gingen. In solchen Fällen war es die Pflicht des Kampfrichters, den Kampf rechtzeitig zu unterbrechen.

Wie jeder andere Junge Okinawas verbrachte ich viele frohe Stunden bei Tegumi-Kämpfen, sowohl als Zuschauer als auch als Teilnehmer, aber erst nachdem ich ernsthaft mit Karate begonnen hatte, erkannte ich, dass Tegumi eine einzigartige Gelegenheit zum Üben darstellte, da es nicht auf zwei Gegner begrenzt werden musste. Einer (normalerweise einer der älteren und stärkeren Jungen) konnte es auch gegen zwei oder drei – oder gegen so viele, wie er sich zutraute – aufnehmen. Solche Kämpfe begannen damit, dass der einzelne Ringer flach auf dem Rücken lag und seine Kontrahenten seine Arme und Beine am Boden festhielten. Nachdem ich mich einmal entschlossen hatte, Karateka zu werden, rang ich oft mit vier oder fünf jüngeren Kameraden, da ich glaubte, dass diese Kämpfe meine Arm- und Beinmuskeln ebenso wie die meines Bauches und meiner Hüften kräftigen würden. Ich kann nicht genau sagen, wie sehr mir Tegumi half, Karate zu meistern, aber ich bin sicher, dass es half, meinen Willen zu festigen.

Zum Beispiel hatte ich selten Schwierigkeiten, einen einzelnen Angreifer abzuwehren, aber die Schwierigkeiten nahmen zu, je mehr sich die Zahl meiner Gegner erhöhte. Denn wenn ich einen Gegner angriff, fanden die anderen dadurch eine Möglichkeit, mich anzugreifen. Ich kann mir kaum eine bessere Art denken, um zu lernen, sich gegen mehrere Angreifer zu verteidigen. Und wenn es auch nur nach einem Kinderspiel klingt, so kann ich doch versichern, dass jene von uns, die sich daran beteiligten, es sehr ernst nahmen.

Soweit ich höre, wird Tegumi heute bei den Kindern Okinawas wieder populär – und dieser Gedanke stimmt mich gar nicht froh. Der Grund dafür ist der, dass da, wo wir früher Felsbrocken und Steine wegräumen mussten, um einen Platz für uns zu schaffen, die Kinder im heutigen Okinawa auf Munition und Blindgänger treffen, die auf diesem blutigen Schlachtfeld des Pazifikkrieges liegen geblieben sind. Der Gedanke hieran kann einem das Herz schwer machen.

Karate erobert die Welt

Vor dem Krieg wussten nur sehr wenige Nichtjapaner etwas über Karate oder hatten die Absicht, es zu lernen. Jene, die trotzdem ihren Weg zu meinem Dōjō fanden, waren entweder Reporter oder Fachleute für Leibeserziehung, die von dem Interesse, das in Japan an Karate bestand, gehört hatten. Mit dem Kriegsende kam die Besatzungszeit, und damals besuchten mich eine Anzahl amerikanischer Soldaten und baten mich, sie im Karate zu unterrichten. Wie sie von meiner Person erfahren hatten, weiß ich nicht.

Eines Tages wurde ich von Suzuki Bunshirō in das Imperial Hotel mitgenommen, um dort einen amerikanischen Verleger zu treffen. Damals war es Japanern verboten, das Imperial zu betreten, außer auf Einladung eines Amerikaners, der dort wohnte. So war ich nicht wenig erstaunt, als ich feststellte, dass der Raum, in dem das Treffen stattfinden sollte, auf japanische Art dekoriert war: mit Faltwänden und Blumen, die eindeutig von einem Ikebana-Schüler arrangiert worden waren. Meine Haupterinnerung an das Treffen ist das Erstaunen des amerikanischen Herrn über mein fortgeschrittenes Alter. Seine Bemerkung hierzu war, dass, während wir in Japan aus einer alten Kampfkunst einen Sport zu machen versuchten, Karatedō in Amerika als Schlüssel zu einem langen Leben betrachtet würde.

Später machte ich noch eine ganze Reihe weiterer Erfahrungen mit Amerikanern, die mich besuchten, und ich gewöhnte mich bald daran, fremde Gesichter (auch von Frauen) im Dōjō des Karate-Kyōkai zu sehen. Ich wurde gebeten, dem Offizier für Leibeserziehung der U. S.-Luftwaffenbasis in Tachikawa Karate beizubringen, und bald auch, dem Kommandeur der Basis in Kisarazu in der Präfektur Chiba Kata vorzuführen.

Bei der letzteren Gelegenheit bat der Kommandeur mich, obwohl er wenig oder gar nichts über Karate wusste, es in original japanischer Weise vorzuführen. Er begrüßte mich äußerst herzlich, beobachtete die Vorführung mit großem Respekt und verabschiedete mich beim Verlassen der Basis persönlich. Bevor er dies jedoch tat, führte er mich zu einem Schrein auf dem Gelände der Basis, der japanischen Fliegern gewidmet war, die im Kampf gefallen waren.

Da stand eine monumentale Bronzestatue eines jungen japanischen Fliegers, der auf den Pazifik hinausdeutete, einen Adler mit ausgebreiteten Schwingen unter seinen Füßen. Sowohl der Schrein selbst als auch das *tori'i*, das Zugangstor, das zu ihm führte, waren in makellosem Zustand. Der Kommandant erklärte mir, dass er das Monument nicht hatte abreißen lassen aus Respekt vor den jungen japanischen Fliegern, die – obwohl dieses Opfer vergebens gewesen war – ihr Leben für ihr Land gelassen hatten. Er fragte mich dann, ob unter meinen ehemaligen Schülern auch Kriegspiloten gewesen seien. Als ich mich daraufhin tief vor dem Schrein verneigte, verstand er meine Antwort und salutierte selbst. Hier, so dachte ich, stand ein wahrer Ehrenmann, und ich hatte Tränen in den Augen, als ich mich am Tor der Basis von ihm verabschiedete.

Nachdem der Friedensvertrag zwischen den Vereinigten Staaten und Japan unterzeichnet war, begann Karate seinen eigenen friedlichen Weg zum amerikanischen Mutterland. Dies begann damit, dass ich von einem ranghohen amerikanischen Offizier gebeten wurde, eine dreimonatige Tour durch Festlandbasen zu absolvieren, um amerikanischen Militärfliegern Karatedō zu zeigen. Zu meiner Begleitung wählte ich Ōbata Isao von der Keiō-Universität, Kamata Toshio von der Waseda-Universität und Nakayama Masatoshi von der Takushoku-Universität. Um die Reise durchzuführen, hatten wir ein spezielles Flugzeug zur Verfügung, und anstatt vor kleinen Gruppen wie bisher führten wir nun unsere Kata vor riesigen Mengen interessierter amerikanischer Flieger vor. Ich kann die Freude darüber nicht ausdrücken, die ich fühlte.

So war nun Karatedō, das in meiner Jugend eine geheim gehaltene Aktivität Okinawas war, zu einer der Kampfkünste Japans geworden, bevor es schließlich Flügel bekam und nach Amerika flog. Heute ist es überall in der Welt bekannt. Während ich diese Zeilen schreibe, erhalte ich von überall Bitten um Informationen und Nachfragen nach Ausbildern. Immer noch erstaunt über die große Zahl von Menschen, die von Karate gehört haben, erkenne ich, dass ich, wenn ich dieses Buch beendet habe, wieder einmal ein neues Projekt beginnen muss, nämlich fähige japanische Karatefachleute nach Übersee zu schicken.

Im gleichen Verlag:

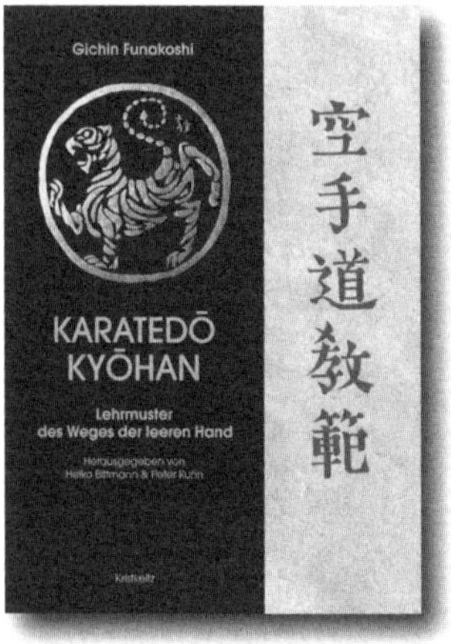

Gichin Funakoshi

Karatedo kyohan

Lehrmuster
des Weges der leeren Hand

Herausgegeben, eingeleitet und annotiert von Heiko Bittmann und Peter Kuhn

ISBN 978-3-948378-15-8

Funakoshis «Lehrmuster des Weges der leeren Hand» aus dem Jahr 1935 ist ein Klassiker der Kampfkunstliteratur. Der Autor vermittelt darin seine Vorstellungen von Karatedō und beschreibt anschaulich grundlegende Techniken sowie Kata und Kumite. Zahlreiche Fotos zeigen dabei Funakoshi selbst. Darüber hinaus befasst er sich eingehend mit Themen wie Würfe, Vitalpunkte, Verteidigung gegen Waffen oder auch Selbstverteidigung für Frauen. Ausführungen zur Philosophie der Kampfkunst runden das umfangreiche Werk ab. Als eine der wichtigsten frühen Publikationen zum Karatedō überhaupt stellt diese auch im Hinblick auf die Verbreitung der Kampfkunst – in Japan und international – einen bedeutenden Beitrag dar.

Die von den Herausgebern vorgelegte erste direkte Übersetzung des japanischen Originals ins Deutsche mit einer Fülle weiterführender Anmerkungen ist eine Bereicherung für alle, die ihr Wissen über Karatedō vertiefen möchten.

Verlag Werner Kristkeitz • Heidelberg • www.kristkeitz.de